新常态背景下高校
思政课教学改革与探索

刘丽丽　王爱巧　帖琳娜　著

北方文艺出版社
·哈尔滨·

图书在版编目（CIP）数据

新常态背景下高校思政课教学改革与探索 / 刘丽丽，
王爱巧，帖琳娜著. -- 哈尔滨：北方文艺出版社，
2022.10

ISBN 978-7-5317-5720-7

Ⅰ．①新… Ⅱ．①刘… ②王… ③帖… Ⅲ．①高等学
校－思想政治教育－教学改革－研究－中国 Ⅳ．
① G641

中国版本图书馆 CIP 数据核字（2022）第 201924 号

新常态背景下高校思政课教学改革与探索
XINCHANGTAI BEIJING XIA GAOXIAO SIZHENGKE JIAOXUE GAIGE YU TANSUO

作　　者/ 刘丽丽　王爱巧　帖琳娜

责任编辑/ 富翔强　　　　　　　　　封面设计/ 文　亮

出版发行/ 北方文艺出版社　　　　　邮　编/150008

发行电话/（0451）86825533　　　　经　销/ 新华书店

地　　址/ 哈尔滨市南岗区宣庆小区 1 号楼　网　址/www.bfwy.com

印　　刷/ 廊坊市广阳区九洲印刷厂　　开　本/880mm×1230mm　1/16

字　　数/190 千　　　　　　　　　　印　张/8.75

版　　次/2022 年 10 月第 1 版　　　　印　次/2022 年 10 月第 1 次印刷

书　　号/ISBN 978-7-5317-5720-7　　定　价/68.00 元

前　言

当前，我国在经历了 40 多年突飞猛进的发展之后，正处在剧烈的社会转型之中，调结构、转机制是实现经济发展从量变到质变的必由之路。从思想政治教育工作看，"新常态"下高等院校担负了更高的使命。

我国经济社会发展自进入"新常态"以来，思想政治教育的环境发生了很大变化，新的形势和任务要求思想政治理论课的教学理念及时改进。如何解答好时代问题，发挥好引领作用，对高等院校来说尤为重要。

本书基于新常态背景，对高校思想政治课教学的改革进行探索，首先概述了高校思想政治课的地位、功能以及高校思想政治课的教学现状，然后分析了高校思想政治课教育教学原则与理念、高校思想政治课程教学的机制建设、国内外高校思想政治课程教学模式比较，之后探讨了全媒体环境下高校思想政治教育课程改革，最后重点分析了新常态背景下高校的思想政治课教学，并对高校思想政治理论课的教学改革进行了分析并提出了建议，也是对今后改革的抛砖引玉之论。

另外，本书在撰写过程中参考了一些专家的学术成果，在此对相关作者表示感谢。由于笔者水平有限，时间仓促，书中不足之处在所难免，望各位读者、专家不吝赐教。

目　录

第一章 高校思想政治课的基本概述

高校思想政治教育工作对培养政治坚定、乐于奉献、理想远大的高素质人才具有十分重要的意义。面对我国社会主义建设的新形势和新要求，明确高校思想政治课的地位和功能，深入剖析思想政治课的教学现状，才能进一步推动高校思想政治教育工作的开展，培养出现代化建设所需要的优秀人才。

第一节 高校思想政治课的地位

在全面建成小康社会的大环境下，高校思想政治课的地位举足轻重。其作为教育的一个重要环节持续稳固地为全面建成小康社会这一重要战略任务输送可用人才，为我国屹立于世界强国之林提供人才支撑。

一、科教兴国、人才强国的战略需要

大学生是十分宝贵的人才资源，是民族的希望，是祖国的未来。因此，加强和改进高校思想政治教育，提高他们的思想政治素质，把他们培养成中国特色社会主义事业的建设者和接班人，对于全面实施科教兴国和人才强国战略，确保我国在激烈的国际竞争中始终立于不败之地，确保实现全面建设小康社会、加快推进社会主义现代化的宏伟目标，确保中国特色社会主义事业兴旺发达、后继有人，具有重大而深远的战略意义。

所谓科教兴国，就是在科学技术是第一生产力的理论基础上，坚持教育为本，把科技和教育摆在经济、社会发展的重要位置，增强国家的科技实力及向现实生产力转化的能力，提高全民族的科技文化素质，把经济建设转移到依靠科技进步和提高劳动者素质的轨道上来，加速实现国家的繁荣昌盛。所谓人才强国，核心是人才兴国，依靠人才兴邦，大力提升国家的核心竞争力和综合国力。

科教兴国和人才强国战略的制定和实施，是从当代世界和中国深刻变化着的实际出发，根据党和国家事业发展的迫切要求而做出的重大决策。自从实行改革开放政策以来，"中国速度"成为世界经济发展的一大奇迹，中国经济的持续发展令世界瞩目。而随着经济的发展和改革的深入，经济社会发展对人才的需求也急剧增长，人才问题成为国家发展的重大问题。中国共产党科学分析和总结世界近代以来特别是当代经济、社会、科技发展趋势

和经验，并充分估计未来科学技术特别是高技术发展对综合国力、社会经济结构、人民生活和现代化进程的巨大影响，在分析我国国情的基础上意识到，要实现国民经济的持续、健康、快速发展，尤其是加快经济增长方式的转变，必须依靠科技进步和人才培养。

科教兴国和人才强国战略的实施，是关系民族未来和国家发展的基础性工程，对加快社会主义现代化建设，不断把中国特色社会主义事业推向前进，具有极其重要的意义。而无论是科教兴国战略还是人才强国战略，都强调人才的作用，都要求尊重知识、尊重人才。改革经济体制，最重要的、我最关心的，是人才。改革科技体制，我最关心的，还是人才。人才是最宝贵的资源，是第一要素，从战略的高度提出人才在改革开放的各项事业中的极端重要性，正确的政治路线要靠正确的组织路线来保证。中国的事情能不能办好，社会主义和改革开放能不能坚持，经济能不能快一点发展起来，国家能不能长治久安，从一定意义上说，关键在人。人才不仅影响经济的发展大局，也影响政治的发展大局。而从创新角度来看人才，将创新看作是一个民族进步的灵魂，是国家兴旺发达的不竭动力。因此，人才是科技进步、国家繁荣、经济社会发展的第一资源，人才问题关系党和国家的兴旺发达和长治久安，对待人才问题不仅要有具体的培养使用政策，更要有政治远见。培养同现代化要求相适应的数以亿计的高素质的劳动者和数以千万计的专门人才，发挥我国巨大人力资源的优势，关系 21 世纪我国社会主义事业的全局。

全面实施科教兴国和人才强国战略，都强调教育的基础地位，都要求将教育摆在首位。科技的进步靠人才，人才的培养则靠教育。无论是培养高素质的人才，还是提高整个民族和国家的创新能力，教育都发挥着不可替代的作用，教育也是中国作为发展中国家，追赶发达国家，实现经济社会的跨越式发展的基础性事业。因而，要将教育当作一个民族最根本的事业来抓，很早就指出："不抓科学、教育，四个现代化就没有希望，就成为一句空话。"百年大计，教育为本。教育是社会主义物质文明和精神文明建设极为重要的基础工程。它对提高全体人民的思想道德素质和科学文化素质，对培养一代又一代社会主义事业接班人，具有重大的战略意义。

世界主要国家都在寻找科技创新的突破口，抢占未来经济科技发展的先机。我们不能在这场科技创新的大赛场上落伍，必须迎头赶上、奋起直追、力争超越，这充分体现了习近平对人才发展的高度重视，并提出了科技创新，就像撬动地球的杠杆，总能创造令人意想不到的奇迹的观点。从实施科教兴国战略到人才强国战略、创新驱动发展战略，中国不断迈向全球竞争与世界发展舞台的中央。而今迈步从头越，下一个 20 年，我们定能实现科教事业的新发展，见证科技创新的新成就，在中华民族实现伟大复兴的壮阔征程中竖起兴国强国新的历史丰碑。

而实施科教兴国和人才强国战略，无论是重视人才，还是强调教育，加强思想政治教育就成为题中应有之义。科技的发展需要高素质的人才，其中最为根本的一条是思想政治素质；我们培养的人才是德智体美全面发展的人才，思想道德素质是重要的方面。同样，教育事业，既包括知识和技能的培养，也包括思想政治素养的提高；教育作为一项系统工程，既包括科学文化知识教育，也包括思想政治教育。从这个意义上来说，加强思想政治教育就是实施科教兴国和人才强国战略的重要内容。

大学生作为国家宝贵的人才资源，是建设创新型国家的强大依托，是实施科教兴国的生力军，是祖国的未来和民族的希望，是中国特色社会主义事业的建设者和接班人，同样也是各种外来力量和意识形态竞相争取的对象。正因为如此，加强大学生的思想政治教育在整个科教兴国和人才强国战略中就显得尤为重要。

尤其是当今世界正处在大发展、大变革、大调整时期，以信息科学、信息技术为主要标志的世界范围内的技术革命正在形成新的高潮，科技进步日新月异，当今的国际经济、科技竞争，越来越围绕人才和知识的竞争展开。现在看得越来越清楚，当今和未来世界的竞争，从根本上来说是人才的竞争，大学生是未来社会主义现代化建设的中坚力量，能否培养好、使用好、凝聚好他们，就成为影响国际竞争的重要因素。

二、社会主义制度的内在要求

思想政治教育作为一项意识形态实践，普遍存在于阶级社会的一切国家和一切历史发展阶段，无论在名称上有何区别，作为一项社会活动它都是客观存在的。区别在于其他的统治阶级出于愚弄民众、维护统治的需要，对此大都不敢承认或者不会公开声明，就像马克思所说的那样："每一个企图代替旧统治阶级地位的新阶级，为了达到自己的目的就不得不把自己的利益说成是社会全体成员的共同利益，抽象地讲，就是赋予自己的思想以普遍性的形式，把它们描绘成唯一合理的、有普遍意义的思想。"即使在他们上升为统治阶级以后仍然如此。而无产阶级则不然，他们作为未来社会的代表，在进一步的斗争中除了锁链什么也不会失去，他们只有在解放全人类的同时自身才能够得到解放。作为其先锋队的共产党同样如此，他们除了解放全人类没有任何自身特殊的利益，因而也并不害怕会失去什么，所以他们并不讳言自己的鲜明阶级性，并不讳言思想政治教育。相反，由于思想政治教育在推动无产阶级革命运动和社会主义建设过程中的重要作用而大力加强并明确声明。

由于在无产阶级的革命事业中，广大人民群众所面临的，"或者是资产阶级的思想体系，或者是社会主义的思想体系。这里中间的东西是没有的（因为人类没有创造过任何'第三种'思想体系，而且在为阶级矛盾所分裂的社会中，任何时候也不可能有非阶级的或超阶级的思想体系）"。在现代社会中，存在着资产阶级的意识形态与社会主义意识形态的尖锐对立，不可能存在超阶级的或非阶级的意识形态，这两大意识形态也一直进行着争夺民众的斗争，"对社会主义思想体系的任何轻视和任何脱离，都意味着资产阶级思想体系的加强"。无产阶级革命要取得胜利，应当积极地同一切巩固非社会主义思想体系的企图做斗争，积极地教育群众接受社会主义的意识形态，任何退让或者对社会主义意识的忽视都意味着资产阶级思想体系对工人运动的侵蚀。

中国的革命、建设和改革开放事业中同样如此，必须时刻注意社会主义意识形态的教育。事实上，中国共产党也正是按照这种要求来实践的，在马克思主义中国化的历史进程中，中国共产党一直注意加强思想政治教育，从未放松。

新中国成立初期，高校中普遍废除以前的反动课程，而代之以马克思主义为主要内容的"政治课"，进行关于"历史唯物论""社会发展史""政治经济学"和"新民主主义论"的教育。换言之，大学生的政治理论课一方面是要讲授马克思主义的普遍原理，另一方面则是要传授毛泽东思想的内容。尽管课程名称和具体内容后来有所调整，但这两大方面的内容很长时间内未变。新中国成立初期在"三反""五反""抗美援朝"等政治运动中，围绕这些政治运动开展的对大学生的思想政治教育：一方面是要求大学生认清形势；另一方面则是要求大学生在实践中接受教育。比如，当过渡时期的总路线总任务提出来以后，各高校在继续加强理论学习的同时，教育部很快就指示："特别是要加强高等学校中的政治思想教育，向学生进行国家过渡时期总路线的教育和马克思主义列宁主义基础知识的教育。"

1980 年教育部、共青团中央发布《关于加强高等学校思想政治工作的意见》，1986 年颁布中共中央、国务院批转的《国家教委关于加强高等学校思想政治工作的决定》的通知，1987 年中共中央又做出《关于改进和加强高等学校思想政治工作的决定》等，都是随着邓小平理论的形成与丰富，对大学生的思想政治教育提出新的要求，充实新的内容。

1994 年，中共中央颁布《关于进一步加强和改进学校德育工作的若干意见》，1999 年颁布《关于加强和改进思想政治工作的若干意见》等重要文件，对高等学校的思想政治教育提出新的要求，主要是为了保证大学生及时学习到马克思主义中国化的新成果，保证"三个代表"重要思想进教材、进课堂、进大学生头脑。

而 2004 年中共中央、国务院发出《关于进一步加强和改进高校思想政治教育的意见》以及后来进行的一系列工作，其中一个十分重要的背景是科学发展观思想的提出，进一步回答了什么是发展、为什么发展和怎样发展的重大问题，赋予了马克思主义关于发展的理论以新的时代内涵和实践要求，马克思主义中国化出现最新成果，中国特色社会主义理论体系内容获得了丰富和发展。加强和改进高校思想政治教育，开展中国特色社会主义理论体系的教育，使大学生正确认识社会发展规律，认识国家的前途命运，认识自己的社会责任，坚定走中国特色社会主义道路的信心。

2015 年 1 月 19 日，中共中央办公厅、国务院办公厅印发了《关于进一步加强和改进新形势下高校宣传思想工作的意见》。这是新时期、新常态下，党和国家为全面建成小康社会而指明方向、筑牢防线，统一思想、凝聚共识，为实现两个百年目标，实现中华民族伟大复兴中国梦，提供思想保证、精神动力和道德支撑的重大战略举措。

三、大学生自身健康成长的内在需要

思想政治教育工作存在的理由从根本上讲来自人和社会发展的需要，是个人健康成长和社会顺利发展必不可少的工具。

人作为类的本质属性一般由生物性、社会性、精神性三个基本维度来界定。人首先是生物性的存在，在这方面，和其他生物有更多的相似性，这种生物性的存在需要物质能量的供应，这主要涉及人与自然的关系，为此人类要从事物质生产活动，需要不断发展科学技术，提高自身的工作效率，尽量从自然中获取更多的物质能量来支撑人类自身的生存和发展；同时生物性的人也具有一般动物的不少特性，往往追求自身生理本能需要的最大化。另外，人和一般动物的根本不同之处还在于人类的精神性存在，具有高智商的人不会满足于填饱肚子，还一直寻求生活的意义。每个人都需要有理想和信仰，追求自尊和自由，渴望独立。然而，理想和信仰的建立和实现，自尊、独立与自由的获得，取决于众多的条件。其本身也是一个理论创新的过程，符合人类社会发展规律的理论体系是通过艰辛的理论创新过程形成的，同时也必须通过社会化的过程，内化为社会每个成员的自觉追求，这自然离不开思想政治教育工作。

处于青春期的大学生，自尊心强，好胜心强，也具有摆脱权威、追求独立的一面，这些都是青年人的优点，是青年大学生追求上进、敢于创新的基础。但青年大学生也有许多自身的局限，长期在封闭的校园中成长，对社会了解较少，没有生活挫折的历练，对人生应该具备的相关知识了解不多，体悟不深，需要更为系统深入的世界观、人生观教育，将人之所以为人的本质要求化为自己内在的要求。所以，针对青年大学生的实际状况，加强高校思想政治教育工作，是大学生顺利成才的重要一环，不可缺少。未来的社会需要越来越多的全面发展的高素质人才，具有公平竞争意识、团队合作精神、民主法治精神、百折不挠的意志等，成为 21 世纪青年大学生走向成功的必备素质。高校一定要改变过分重视专业学习，而忽视理想教育、政治教育、道德教育、心理教育的不良现象，为学生成为合格的社会主义建设者奠定坚实的基础。

（一）塑造个体人格

人格乃是具有不同素质基础的人，在不尽相同的社会环境中所形成的意识倾向性和比较稳定的个性心理特征的总和。简言之就是做人的规格。人的规格有高有低。所谓塑造理想人格，就是有意识地创造人们共同景仰的人格范型，引导人们攀登崇高的道德目标。人格包括人的认知能力特征、行为动机特征、情绪反应特征、人际关系协调程度、态度信仰体系、道德价值特征等。人格不仅控制着人的行为方式，而且决定了人的发展方向。思想政治教育者通过一系列传导理论和实践活动方式，促使受教育者形成社会所要求的品格、思想境界、道德情操等。这样，思想政治教育者把外在的社会要求转化为受教育者的内在知识，再由这些受教育者的内在意识、动机转化为其外在的行为和行为习惯。为了促成这两个转化，思想政治教育者必须不断地研究社会要求与人格完善需要之间的关系，研究内化的具体条件，为进一步促进个体人格的完善提供良好的基础条件。中共中央、国务院在《关于进一步加强和改进高校思想政治教育的意见》中明确把培养什么人、如何培养人作为高校工作的根本任务，这就要求我们站在全局和战略的高度，充分认识高校在加强党的执政能力建设中所肩负的重要使命，努力探讨新形势下教育发展的新规律，牢牢掌握社会主义人才培养工作的主导权，在市场经济条件下，确保高校是切实为人民服务的学校，是贯彻科学发展观的楷模，是构建和谐社会的重镇，为全面建成小康社会做出自己最大的贡献。

（二）提高整体素质

提高大学生素质，培养合格人才，是办人民满意的大学的重要目标。提高大学生素质的核心是政治思想素质，保证合格接班人的关键。思想政治教育工作是社会主义政治文明建设的重要保证。这种保证作用主要体现在：一是思想政治教育通过长期的、经常的爱国主义、集体主义、社会主义教育，可以提高人们的思想政治素质，为巩固社会政治制度、维护社会政治稳定服务。二是思想政治教育通过提高人民群众的政治觉悟，培育人民群众的民主意识，增强人民群众的法制观念和政治责任感，引导人民群众提升政治认知，参与政治生活，建设社会主义民主政治。三是思想政治教育通过建立制度防范机制，创新民主管理机制，健全完善民主集中制，提高民主管理水平，完善监督制约机制，推进社会主义民主政治的发展。

（三）解决深层次思想问题

社会的发展，时代的变迁，使得一些与我国国情、高校育人目标不相容的东西进入校园，给校园带来了不良的影响。因此，加强高校思想政治教育已成为解决大学生深层次思想问题的必然要求。

第二节　高校思想政治课的功能

担负着"育人"重任的高校思想政治课其功能不容小觑，在大学生的学习和生活中产生着巨大的作用。

一、导向功能

导向功能是思想政治课的根本功能，这种功能是任何其他教育都无法代替的，可以体现出思想政治教育的目的性和超越性。思想政治教育的导向功能主要表现在三个层面，即理想信念、奋斗目标和行为方式。这同时也代表了三个不同层次的教育，即理想信念教育，主要内容是马克思主义理论体系；政治教育，主要内容是党的方针政策；道德和法纪教育，主要内容是社会主义道德和法纪。这三个不同层次的导向之间是一种既相互联系又相互依存的关系，三者共同构成了思想政治教育的导向功能。

当前的互联网时代具有开放性、渗透性和趋同性的特点，因此在对大学生进行思想政治教育的过程中，必须充分运用这些特点，保证思想政治教育导向功能的充分发挥。传统的思想政治教育通常采用的是内塑型的教育模式，在教育过程中是将与教育目的相关的知识信息通过"灌输"的方式教授给学生，以语言或是文字的形式直接告诉学生应该做什么，不应该做什么，或是具体的做法。而现代的"互联网＋"思想政治教育则不同，其是以潜移默化的方式来对大学生的思想观念进行规范和约束的。对于网络信息来说，其向人们展示的通常是一种科学、公正、客观、时尚的形象，因此它为学生所传播的价值观逐渐渗透到学生的思想中，然后对学生的行为进行规范。

信息社会，互联网在一定程度上已经开始引导人们的生活。日常生活中，人们会对网络上的信息极为关注，然后根据对这些信息的关注程度来决定自身关注问题的次序。针对这种情况，很多媒体就开始有意识地对信息进行议程设置，以此来引导群众对社会和政治信息进行思考和关注。互联网本身具有开放性的特征，这种特征会导致受众产生趋异性，但是互联网又具有交互性和渗透性，并且在人为进行议程设置的情况下，这种趋异性在很大程度上被淡化，并逐渐转为趋同性。在"互联网＋"思想政治教育的过程中，要充分利用这种趋同性，确保其导向功能的正常发挥。

为此，思想政治教育者必须强化在网络空间争当主流文化主导者的意识，以平等对话、研讨、交流等互动形式，努力用事实和真理说话，引导舆论，批判错误，引导受教育者接受和形成正确的思想观点和价值观。

二、沟通功能

"互联网＋"思想政治教育的沟通功能通过网络交流和互动而实现，沟通的形式包括交互式视频、电子邮箱、电子查询、网络社区讨论、QQ、微信、自学辅导等。"互联网＋"思想政治教育通过这些沟通方式，将思想政治教育的知识、观念等信息传播给教育对象并得到及时反馈。这既是一种教育信息的交流传递过程，也是一种情感的传输过程。通过这种教育主客体之间思想情感的交流融合，有助于达到二者对于思想政治教育文化的一致认同。

三、大众传播功能

互联网以其快速、便捷、受限少等优势，迅速成了高校思想政治教育的重要载体。当然，传统媒介（如报刊、广播、电视等）对自身的局限也可以尽量改进，但要想做到像互联网那样活泼互动，就显得有些力不从心了。特别是在进行高校思想政治教育时可能会由于其自身的理论性显得相对枯燥，使学生产生"被说教"的感觉而难以接受。广大的高校学生需要一个易于接受的传播途径，需要一个能更好、更便捷地接收信息的途径。互联网媒介通过丰富的图片、视频、声像等传递信息，对于受众来说，这样的传播媒介吸引力更大，趣味性更强。此外，在互联网中每个人都可以充分自由地表达自己的意见，有助于提升高校思想政治教育传播的广度和深度，对推动高校思想政治教育的传播有积极作用。

在高校思想政治教育的传播方面，互联网是一种新兴的工具和载体，它以自身的传播速度快、互动性强和覆盖面广等特点，实现了其大众传播功能。当前我们要在传统的思想政治课教育途径和方法上寻找新的突破，利用好互联网这一新型载体，让其成为开展高校思想政治教育又一强有力的工具，为倡导和践行高校思想政治教育而服务。

四、开发功能

开发功能指的是通过对大学生进行思想政治教育，最大限度地调动起人的内在潜能和主观能动性的发挥。人具有主观能动性，可以去认识世界和改造世界，这是思想政治教育能够具有开发功能的根本原因。

但需要注意的是，人所具有的这种主观能动性具有一定的层次和深度，不能任由人们进行使用和发挥，需要通过一定的手段对其进行开发和挖掘。一般常用的手段主要有以下几点。

第一，要尊重个人的兴趣爱好，充分发挥人的感官优势，这是开发个人潜能的基本要求。信息内容丰富和功能独特是互联网的突出特点，将其作为教育阵地满足了大学生的要求，同时也是大学生乐于接受的。因此，高校在进行思想政治教育的过程中，就可以充分利用这个阵地，开发一些形象生动的教学软件，以此引起学生的学习兴趣，确保学生可以在一种积极的氛围下接受教育，挖掘自身的潜能。

第二，要利用多种形式和手段充分调动起人们的积极主动性，促进人们智力和能力的同时发展，这是开发人的潜能的重点。在大学生健康成长的过程中，互联网可以充当一种"助推器"，通过自身所拥有的丰富、形象和直观的思想政治教育资源，来满足大学生对知识和信息的需求，在这种情况下，思想政治教育者可以采用参与式或是启发式教学，推动大学生积极、主动地进行学习。

第三，开发人的潜能的最高层次就是培养人的创造精神。互联网的出现为思想政治教育提供了一个培养大学生创造精神的新空间。互联网具有交互性的特征，其拓宽了大学生的思维空间，促使大学生的思维方式更加灵活多变。大学生通过对互联网的利用，可以学到更多的知识，了解到更多的信息，拓宽自己的视野。通过实施"互联网＋"思想政治教育，可以让大学生知道有不同思维的存在，培养大学生的信息素质和鉴别能力，使大学生可以亲身感受到不同文化和思想发生的碰撞，以此提高大学生判断问题、分析问题和解决问题的能力，促进大学生创新思维的开发。

五、保证功能

高校思想政治教育具有保证的功能，表现为其可以服从和服务于社会规律。具体来说，思想政治教育的保证功能主要体现在人的思想和行为层面,并通过人们在政治、思想和行为上达到一致性来最终实现。该保证功能可以从三个方面体现出来:第一,可以通过促进大学生在政治、思想和行为方面达成统一,以此来保证其稳定作用的发挥;第二,对经济和利益关系进行合理调节,对人们的思想认识进行平衡,保证社会实现健康的发展;第三,促进不同的人群实现思想和情感的交流与沟通,协调好人们的工作和行为,达到相互理解的程度,加强彼此之间的联系与合作。由于互联网具有虚实两重性、平等交互性、快捷增殖性、广容兼容性等特征,其对人们的生活产生了重要的影响,增加了"互联网+"思想政治教育的任务和负担,因此在具体实施的过程中,必须确保其保证功能的正常发挥。

六、调节功能

高校思想政治课的调节功能主要体现在学习调节、生活调节、心理调节上。大学生学习的动力之一是他们对于探索未知、寻求真理有着浓厚兴趣,而互联网既能极大地满足大学生对知识与信息的渴求,同时学习方式又可以是参与式、启发式的,这要比单纯的灌输更受大学生喜爱。象牙塔里的大学生生活比较简朴,涉世不深,社会经验较少,而网络社会比较丰富多彩,融入大学生日常生活的"互联网+"思想政治教育,可以陶冶其情操,调节其精神生活。同时,通过互联网进行的心理咨询具有隐蔽性、保密性、便捷性等特征,能满足大学生倾诉、发泄等心理需求,对学生的情感、学习、生活和人际关系中的困惑,可以进行有效的疏导,因而对帮助学生树立正确的人生态度,培养健全人格,具有积极作用。

七、育人功能

与其他学科一样,思想政治课也承担着育人的功能,这同时也是思想政治课的基本功能,是其对思想品德形成发展规律的运用。思想政治课的育人功能主要表现在,通过教育活动提高大学生的思想政治素质,以此帮助大学生树立起正确的世界观、人生观和价值观,完善他们的人格。应当明确的是,思想政治课育人功能的发挥,其指导理论是马克思主义关于人的全面发展理论,也就是说,高校通过开展思想政治教育,不仅要增加大学生的知识积累,提高其思想政治素质,还要促使大学生实现全面发展,成为建设祖国的优秀人才。

新时期教育者通过互联网向学生传播思想政治教育信息,对大学生的发展产生系统的影响,同时大学生也可以通过互联网对这些信息进行反馈,这对思想政治教育信息的传播和制作具有重要的影响,有时甚至会产生决定性的作用。这是一种良性的互动,通过互联网这个中介,传播者与受众、教育者与受教育者之间就可以实现主客体间的沟通与交流,以便及时对教育中的不足之处进行完善。

不断提高大学生的鉴别能力,这也是思想政治课育人功能的一个具体体现。网络信息复杂多样,不利于大学生对有用信息进行识别,在这种情况下,就必须对大学生进行思想政治教育,以此提高大学生对信息的辨别和选择能力。也就是说,高校所进行的"互联网+"思想政治教育不仅要进行"防御",同时还要能够"进攻"。所谓的"防御"指的是,通过实施"互联网+"思想政治教育,可以提高大学生对网络信息的辨别能力,能够明辨是非,积极抵御不良网络信息对大学生思想的侵袭。而"进攻"则指的是,大学生要对互联网进行充分的利用,宣传正面的思想理论,为人们展示中国特色社会主义建设的成就,批判那些西方的资本主义腐朽思想和落后观念。

八、社会功能

"社会功能就是社会群体对于社会运行以及其他群体的影响力和作用力,是社会各阶层的内在特性作用于社会的反应。"互联网一出现,就成为社会的重要组成部分,与人们的生活密切相关。互联网的出现,给人们带来了越来越多的惊喜:新闻传播、网络娱乐、网上聊天等,互联网逐渐覆盖到社会方方面面的建设,人们的生活也逐渐离不开互联网。互联网在人们的生活中扮演着越来越重要的作用,基于此,其在高校思想政治教育的传播中也起着至关重要的作用。而要将高校思想政治教育与互联网紧密结合,其社会功能不可小觑。被奉为一种经典性论断的传播的三个社会功能:守望、协调及教育功能,互联网全部具备,并且由于自身具有开放性、交互性和匿名性等特点,使其成为一把"双刃剑",在给高校思想政治教育带来机遇的同时也带来了挑战。

第三节　高校思想政治课的教学现状

随着时代的发展、科技的进步以及高等教育改革的深入,以大学生为主体的高校思想政治教育工作发生了一系列变化,思想政治教育环境越来越开放,思想政治教育对象越来越个性,思想政治教育载体越来越多元,以互联网为代表的信息传播技术在给高校思想政治教育带来机遇的同时也带来了巨大的挑战。

一、高校思想政治课教学的时间和空间得以扩展

当前互联网无时不在、无处不在,这一特点极大地改变了大学生获取信息和表达信息的方式,使得高校思想政治课教学的时间和空间得以扩展。一方面,传统的思想政治教育活动主要是在教室、会议室、寝室等有老师的地方才能进行,教育活动的实施空间固定有限,而且都必须集中在教育者和学生都能到场的固定时间,很难在最大限度上减少老师和学生的时间冲突,充分利用起零散、碎片化时间段。而互联网的发展为思想政治教育提供了更为便捷且灵活的渠道,只要通过移动终端接入互联网,老师和学生之间便可以随时随地进行交流沟通,不受时间和空间的限制。另一方面,传统课堂上的教育载体,包括电视、

固定电脑、平面传媒等，由于受自身实体限制，即便是在课堂上也很难被学生充分共享，更不可能做到课后随时随地被学生享用。而通过移动互联网网络连接，每一部手机都成为一台小型个人电脑，学生通过手机终端接入互联网不仅能立刻获取海量信息，而且能通过手机内存卡将自己觉得最有价值的信息进行下载存储，移动互联网充分地实现了学生与老师之间的资源共享。

（一）高校思想政治课教学的内容得以丰富

作为全球最大的信息资源库，互联网的内容涉及政治、经济、军事、文化、科技、教育、体育、卫生、娱乐等社会生活的各个领域。网络的开放性使得教育者可以利用网络及时获取丰富的教育资源和了解国内外先进的教育科研成果，受教育者可以根据自己的兴趣和需要浏览和下载相关信息。互联网的资源共享性使得不同国家、不同地区、不同组织、不同领域的思想政治教育组织之间，可以共享相同的教育资源，从而扩大了思想政治教育的覆盖面，实现了思想政治教育资源利用的最大化。在这个意义上，"互联网＋"真正实现了"网络有多大，思想政治课教学的舞台就有多大"。

1.互联网海量的信息为大学生思想政治教育工作者提供了一个空前博大的资源库

凡是有利于开展大学生思想政治教育工作的信息资料、政策文件和工作经验都可以找到和被吸收利用，这极大地丰富了大学生思想政治教育工作的内容。有关资料表明，网上数据库资料总量已达到100亿条以上，内容涉及政治、经济、文化、军事、科技、教育等方面，应有尽有。它开阔了人们的眼界，丰富了人们的生活，促进了人类文明成果的大交流和世界文化的大创新。这些新的人类文化成果，丰富了大学生思想政治教育的内容，拓展了思想政治教育的文化视野，形成了新的思想政治教育环境。随着网络建设的进一步发展，大学生思想政治教育工作信息来源渠道还会进一步被拓宽。

2.互联网的信息共享特征，提高了思想政治教育资源的传播和利用率

我国的思想政治教育资源仍然很紧缺，比如师资，重点院校与普通院校存在很大的差距。以前，思想政治教育资料信息需要通过编写、印刷、预订和购买等，如《形势政策》等教程的内容更新很快，教材的准备就是一笔不小的开销。一般的高校想请专家、学者或名师来做一场讲座，吃、住、行、协调时间和地点，边际成本也很大。现在由于网络特有的信息可复制性、共享性、实时传输性等特征，有关专家的辅导、电视教育专题片都可以上网，共同进入课堂。坐在电脑前的交互式远程教育使一人授课，高校所有大学生同时接受名校名师的教育成为可能，从而缓解师资的紧缺，也免去老师们的舟车劳顿之苦。通过网上下载，克服了在资料查找、印刷、分发及存档等多方面的限制，大大降低了成本，提高了传播和利用效率，使普遍化的思想政治教育成为可能。

3.互联网的自主性特征最大限度地调动了学生获取信息的主动性与参与性

大学生通过互联网，既可方便地获取大量信息，又可与世界自由地进行思想交流，这极大地激发了大学生的求知欲和想象力，最大限度地调动他们获取信息的主动性、自主性

与参与性。网络让大学生可以从任何一个设有终端的地方随时获取所需的知识，迅速了解国内外正在发生的政治、经济、社会生活等各方面的信息。一些专门的思想政治教育网络则集成了各门学科、各种媒体、各位专家的知识，让大学生能依据自身实际情况有选择地进行咨询，获取所需的知识内容。

（二）高校思想政治课教学有了新方法和新平台

互联网即时而强大的互动功能拓展了人与人之间交往的渠道，为高校思想政治课教学提供了更新的方法和交流平台。

1. 互联网为思想政治课教学提供了新方法

（1）互联网使大学生思想政治教育过程更加形象和生动有趣。网络技术的快速发展使知识不单以文字的形式来表示，而且可以用视频等多种形式来表示，这种多媒体特性具有很强的吸引力和感染力。将图像、动画和声音都放进网络中，形象而直观，具有很大的趣味性，这种形式很受青年大学生的欢迎。"多媒体"多重感官刺激功能，使大学生的多种感官同时感知的学习效果明显优于单一感官感知的学习效果。在网络上，丰富多彩的世界还可以被模拟仿真，出现虚拟世界。虚拟现实技术通过计算机创造真实的受教育环境，三维的图像和虚拟的声音及感触可使受教育者有身临其境之感，其效果是现有教育手段所无法比拟的。这对一贯以说教形式出现，学生感觉枯燥无味的思想政治课来说，无疑有着积极的意义。另外，过去由于受到教学条件限制，无法真正做到"因材施教"，在今天有了电脑、多媒体、网络等信息技术的条件下，个性化教学、小组协作学习、交互式学习等新的学习模式，就有了实现的可能。

（2）互联网具有的即时性使思想政治课的时代感更强。思想政治课有着鲜明的时代特征，教材中关于国际关系、市场经济、社会制度等知识观点与社会热点问题有着紧密的联系，互联网的即时性将有助于教师和学生获得这些热点信息。目前，许多网站具有很高的更新率，能在重大事件发生后的第一时间内将它报道出来或者直接进行现场直播。这种动态型的时事信息，让高校师生随时可以了解世界各地发生的大事，真正做到"足不出户尽知天下事"。

（3）互联网的无地域性打破了空间限制。网络拉近了人与人之间的距离，无论是近在咫尺，还是远在海角天涯，网络都能把人们拉在一起，这是网络时代思想政治工作者特有的优势。信息网络技术的应用，可以将世界各地的学校图书馆、科研机构等教育资源联结在一起，成功地实现资源的最大共享，从而使高校师生能够更加便利地学习先进的科技知识和文化艺术。

（4）互联网的发展丰富了高校师生的交流方式，使思想政治工作得以深入进行。网络所创造出的"虚拟社会"环境，使得人们以屏幕为界面进行交往，让大学生能够平等、民主地通过网络与教师进行交流，可以减少面对面交流的顾虑，避免师生间直接争论的尴尬，缓解面对面冲突引发的矛盾，有助于师生之间的交流。教育者与受教育者进行平等的双向交流，这种教育模式使受教育者感受到尊重，提高了受教育者的主体地位，能促进发挥他们学习的积极性、主动性和创造性，有利于思想政治教育的进一步深入。

2.互联网为教育者与受教育者提供了交流的新平台

在传统的思想政治课教学过程中，教育活动主要是通过课堂教学展开，学生对老师有敬畏感，存在畏惧心理，个别谈话和电子书信交流是教育者与受教育者的主要沟通方式。层级式的信息传递过程难免出现信息失真和信息衰减，与此同时，信息传播的范围和速度受到限制。这种单一的教学模式和沟通渠道使得思想政治教育大多为学生被动接受，时效性不高。而通过互联网这种新技术，一方面，学生和老师可以利用手机QQ、手机、邮件等途径，实现一对一、一对多或者多对多的交流模式，大大提高了思想政治教育工作的覆盖面和效率，改变了传统的人际交往方式。另一方面，网络的虚拟性淡化了教育主体的绝对权威，老师和学生的身份都被一串串数字符号所代替，使得交流双方存在一个相对宽松和隐秘的空间，关系更加平等，心理压力小，自由、自主性强，双方在平等自由的空间更加坦率地沟通，实现了真正意义上的互动。互联网的出现，使得学生和老师之间的信息沟通无论是从数量上还是从平等交流的氛围上都有了极大的改善、提升，满足了信息时代对高校思想教育工作效率的要求。

当前，大学生使用互联网最为关注的群体除了现实生活中的朋友同学外，主要为网络上的朋友、业内人士、专业人士、名人、明星等。互联网为我们提供了一个超时空的虚拟网络平台，加速和方便了大学生与外界的信息交流。互联网具有开放性、平等性和互动性，它打破了时间、空间、国界、种族、贫富、社会地位等各方面的限制，大学生可以"走进"任何自己想接近的人和事，有助于丰富大学生的精神世界，开阔视野、树立世界眼光。随着移动终端功能的进一步增强，大学生之间的通信和内容体验将更具交互性。借助QQ、博客、微博等工具，大学生不仅可以进行个体间联络，还可以进行群体间联络，有益于增进人与人之间的情感，突破人际交往的单项模式，扩大大学生人际交往的范围。

（三）高校思想政治课教学更具实效性

互联网的出现，不仅使教育者能在第一时间准确了解大学生的真实思想，即时掌握大学生的心理动态，同时，还有利于畅通沟通渠道，强化教育工作的针对性，使教育者能结合学生的实际情况开展思想政治教育工作，为教育者有效提高工作的实效性建立了一个新平台。

1.即时掌握学生动态，快速处理各种情况

互联网络信息以分钟甚至以秒为周期进行更新，通过互联网，人们可以随时掌握世界上任何一个地方最新发生的经济、政治、文化等方面的大事，这种即时、准确、高效的信息传播方式有利于高校思想政治教育工作者即时掌握第一手信息资料，了解学生当前状况，进行学生管理工作，帮助学生解答疑惑，避免了以往教育工作中信息传播渠道堵塞、学生意见以及时反馈给老师，贻误开展教育教学工作的最好时间段的情况。

2.畅通沟通渠道,强化思想政治课教学的针对性

受传统思想观念的影响,学生普遍对老师存在畏惧心理,不愿意也不敢把自己的实际想法告诉老师,使老师很难真实掌握学生的思想动态,延误了思想政治教育工作有效开展的最好时机。借助互联网,老师可以通过 QQ、微信、微博等组建班级群,创造新的沟通渠道,改变以往的教育手段。老师一条普通的勉励短信、一句简短的 QQ 留言、一条不经意的微博评论,都可能比长时间的课外谈话、课堂教育要有效得多。互联网畅通了沟通渠道,有利于实现真正意义上的师生互动,充分提高大学生思想政治教育工作的实效性。

二、高校思想政治课面临的挑战

互联网在高校的广泛使用对高校思想政治课教学的方方面面都产生了冲击和挑战。

(一)高校思想政治课教学存在的问题

1.“95 后”学生个性心理、思维方式和思想觉悟发生变化

目前高等院校在校生多为“95 后”,他们成长的社会环境和家庭环境与教师这一代人截然不同。随着经济全球化日益发展和 Internet 技术飞速前进,我们的学生不断受到各种价值观念、文化潮流和网络的强烈冲击,主要表现为以下三个方面的特点。

(1)他们拒绝被标签化。想用统一的标签定义“95 后”群体是一件很困难的事情,某种单一的社会评价对于定义鲜活生动的“95 后”显得无力。拒绝标签化是“95 后”最大的共性。他们拒绝被代表,他们每个人鲜活的个性都是无法复制的。与其他几代人相比,“95 后”的个性是突出的、鲜活的;而从每个个体去看,“95 后”的个性是多元的、差异化的。因此,找一个具有普世价值的标签来概括这个群体的难度系数极高。

(2)他们是指尖上的一代。“95 后”是互联网一代,他们从出生就开始接触到互联网。他们之中有四分之三的人的网龄超过 3 年,平均每天花费 18% 的时间上网,而一般的中国城市居民平均只花费 13% 的时间在网上。对于他们来说,互联网已经远远不只是一个工具,更是一种生活方式。“95 后”大学生群体将会是互联网发展的关键人群。

(3)自我意识的觉醒。“95 后”大学生的自我意识开始觉醒,由此带来的一个直接效应就是人的思想不再拘泥于传统的责任意识和国家前途,而是更多地从自我出发,以个人价值权衡。同时,“95 后”大学生是富有创新精神的一批人,他们对新鲜事物充满好奇心,他们也有能力去创新。“95 后”大学生对新事物、新思想的接受程度及开阔的视野,也使他们有能力提出正确的见解。

“95 后”学生的个性心理、思维方式和思想觉悟发生了较大变化,表现出一些问题:某些学生缺乏政治辨别能力、判断能力,不关心国家大事、社会生活和公益事业;崇尚个性与众不同,过于关注自我,功利心明显,缺少责任感、正义感和同情心;网络思维日占主流,移动终端不离手,网络生活成瘾,与家人、同学和老师缺乏交流,不善于团队协作。如果只重视职业技能教育,无法从根本上解决学生学习动力不强、价值观职业观不端正等

问题。

2.思想政治教育体制单一不灵活

目前，高校思想政治教育的队伍主体是学校的党政干部、共青团干部、思想政治理论课的教师和班主任。大部分高等院校对于学生的思想政治教育有两条线，一是思想政治课堂，一是党团学管工作。教育部非常注重大学生的思想政治课程，全国所有高等院校都使用由最优秀的思想政治教育教学专家编写的教材，但课堂教学效果参差不齐，特别是在某些高等职业院校更注重专业技能培养，可能会忽视思想政治课程教学。此外，在高等院校从事思想政治课程教学的教师如果不了解学生专业学习需求，也可能将思想政治教育走形式走过场，浮于表面，不能从学生出发，不能真正理解学生，从而也解决不了学生的问题，最终形成思想政治教育的"两张皮"。在具体的教学过程中，某些学校党团学管工作较为单一，活动流于形式化，相关活动设计没有结合专业教育和"95后"学生特点，不能真正吸引学生关注，有的学生是为了得到分数而参加，不能从根本上对学生产生积极影响。

3.从事思想政治教育的工作者比例失调

目前，高校思想政治课教学存在着一个误区：学生的思想政治教学归思想政治课堂，思想政治工作归班主任和辅导员。这显然是不正确的。首先，现实的调查数据以及相关文献表明了目前我国高校学生管理人员的学历层次依然较低，本科层次的占大多数。一些学校对学生管理人员不重视，因此很多学生工作者把学生管理工作当作一个短暂的锻炼提高之处，而不是一个教育学生的终生事业。一旦有机会，就会考研究生或者转行到其他岗位。其次，学生与班主任比例失调，很多学校学生管理人员配备不足，一个班主任要管理几百个学生，一个人的精力有限，无暇顾及每一个学生，只能勉强完成既定任务，无法把思想政治教育工作做得扎实、具体。

（二）互联网对思想政治教育施教者的挑战

（1）互联网的开放性、便捷性，使许多大学生可以随时获取各种信息，不再轻易接受高校传统思想政治教育施教者的一味灌输，如果教师教授的内容没有充分的说服力或缺乏对新鲜事物的敏锐性，学生就会对教师所教授的知识产生怀疑，从而影响教师的权威。

（2）部分高校思想政治教育施教者出现了一定程度的"落伍"现象，他们基本不使用现代化教育手段，仍然发挥着"一支粉笔、一块黑板、一张嘴"的作用。在网络时代，秉承传统教育方式方法的高校思想政治教育工作者常常显得力不从心、束手无策，导致大学生质疑高校思想政治教育者的权威教化，这对高校思想政治教育工作者的素质和相关专业技能提出了更高的要求。

（3）少数高校思想政治教育工作者授课内容与受教育者实际需求脱节。有些高校思想政治教育工作者上课主要引导大学生应付考试，没有给大学生讨论、提问的时间，课堂教学缺乏知识魅力、人格魅力，进而导致大学生在遭遇到挫折、心理冲突与困惑时，常常选择自我调适或求助网友，不愿与家长、教师进行沟通。

因此，在互联网时代下，高校思想政治教育施教者的身份权威和知识权威面临着极大的挑战。

（三）互联网对思想政治教育受教者的影响

互联网就像一把双刃剑，在给大学生的学习、生活带来便利的同时也带来了负面影响。

第一，削减大学生的专注力，影响学习质量。互联网的移动性、便捷性、人性化服务，使大学生可以随时随地进行日常事务的处理、网上学习或娱乐休闲等，这使他们对互联网有了强烈的依赖感。这种依赖性使他们很难专心致志地学习，一旦有机会便迫不及待地投身网络世界。这种便利和随意对纪律、规则，甚至道德都产生了破坏，而且使大学生自控性差的弱点进一步放大，影响学习的专注度及质量。

第二，"互联网＋"使"任性"成为大学生的新常态。网络社会的开放性，打破了民族、国家和地域之间的限制，实现了不同民族、国家及地域的人们在思想观念和意识形态之间的交融和共享，给人生观、世界观、价值观尚未完全成熟的青年大学生造成了思想上的混乱，导致了其思想上的"任性"。长此以往，大学生会产生逃避现实社会、人际关系冷漠、人际交往障碍等一系列问题，引发心理上的"任性"。

第三，改变大学生的世界观、扭曲大学生的人生观和价值观。移动互联网作为信息时代的一种新媒体，它具有信息传递、交互更快，更便捷，更不受限制的特点。这让大学生们看到了世界无时无刻不在变化，也体会到了变化是绝对的，不变是相对的，只有变的本身是不变的。对于这个变迁不定的世界，似乎他们只有抓住手机，不停地点击、查看、刷新，并做出最快的反应，才能始终紧贴在变化之上和变化的世界同步。但这让他们因此付出了过多的时间和精力，更可怕的是他们会对所有的变化都见怪不怪，对新生的事物模棱两可地选择了谅解、接受。这样，在缺乏科学的评判标准和理论指导的情况下，他们如果认同了错误的思想行为，就可能产生错误的世界观。互联网的开放性使大学生们能更容易和方便地了解不同国家的文化传统、思想观念、宗教信仰、生活方式。这难免会影响大学生们原本就不成熟的价值观和人生观。

（四）移动互联网环境对思想政治教育内容的影响

高校利用互联网开展思想政治教育难以满足大学生的需求，许多大学生认为目前高校利用网络开展思想政治教育效果不佳。当前，大学生娱乐、消遣的主要方式是上网，他们乐于上网，喜欢借助互联网发表自己的观点，但许多大学生很少上或根本不上高校开办的思想政治教育网站，还有相当一部分大学生甚至都不知道高校思想政治教育网站有哪些。高校利用互联网开展思想政治教育的力度不够，许多高校开办的思想政治教育网站的影响力不大，陷入"死站""空站"的困境。许多高校没有主动占领互联网阵地，其思想政治教育网站服务性不强，缺少趣味性和亲和力，缺乏人文关怀，难以吸引大学生，致使高校思想政治教育网站点击率、访问率不高。许多高校思想政治教育网站介绍的思想政治理论课教材深奥难懂，缺乏生动性和趣味性，思想政治教育的知识材料内容陈旧，正面的宣传教育缺乏吸引力和影响力，难免会使大学生反感，甚至产生抵触情绪。

随着移动互联网的使用，教师能够随时随地通过网络查看和收集与思想政治教育有关的声音、影像和视频等多媒体资源，使思想政治教育从平面化走向立体化，从静态化变为动态化，从而增强互动性、趣味性，提高大学生思想政治教育的吸引力和感染力；大学生也能够通过移动网络搜索自己所需，不仅能够不受时间和地点的限制，查询各种相关的学习问题，还可以在线浏览、快速下载思想政治领域的专家讲座和在线课堂讲座等。

1.道德和法制教育的重要性突出

移动互联网的开放性使人们不仅是信息的接收者，更是信息的生产者和传播者，而且这种信息的接收和发送不受时空限制，信息传播的双向性和多向性更加明显。高校大学生正处在世界观、人生观和价值观形成的关键时期，在受到不同思想的冲击时极易暴露出年轻人的冲动心态，移动互联网的隐匿性和便捷性等特点使学生更容易出现网络冲动。网络已成为大学生表达和宣泄的主要途径之一，违反道德甚至触犯法律的言行时有发生。强化大学生网络道德和法制教育面临更严峻的挑战。

2."互联网＋"使"创新"成为大学生思想政治教育的新常态

在网络时代，面对"无奇不有、无所不包"的"海量"网络信息资源，大学生的主体性和自由选择权得到了很大的提高，与此同时，也对大学生的辨别能力、筛选能力提出了新的要求，如何让思想政治教育走进学生、走进网络，引导和教会学生"如何利用网络""如何甄别网络信息"成为大学生思想政治教育迫切需要增加的内容。网络为高校思想政治教育提供了现代化的教学手段，同时也容易造成思想政治工作者的依赖性，如何让现代化教学手段与思想政治教学内容有机结合，实现网上教育与网下教育联动、课堂教育与课外教育互补、教师的主导作用与学生的主体作用互动，是创新大学生思想政治教育方法必须解决的课题。网络拓展了学生思想政治教育的时空，但是也为大学生思想政治教育带来了信息泛滥、信息污染、信息骚扰、信息的渗透与反渗透等一系列问题，如何因势利导、趋利避害，净化网络教育环境，对创新大学生思想政治教育的环境提出了新的要求。

第二章 高校思想政治课教育教学的原则与理念

思想政治课教育教学原则是思想政治教育客观规律的反映，思想政治课教育教学理念则是思想政治教育教学原则、任务、目标等的总纲领。要保证思想政治课教育教学具有活力和生命力，就需要根据经济社会的发展和大学生思想特点的变化不断更新思想政治课教育教学的原则和理念。

第一节 高校思想政治课教育教学的主要原则

思想政治课教育教学原则来源于思想政治教育的实践，贯穿于思想政治教育全过程，原则不是条条框框的规定，不是教条和命令，而是具有指导意义的要求。"互联网+"视域下的思想政治课教育教学只有在实践中坚持思想政治课教育教学原则，才能不断提高教育的针对性和实效性。

一、主体性原则

主体性原则指的是，在"互联网+"思想政治课教育教学工作中，教育者和受教育者在网络时代所形成的新型主客体间的关系要切实体现出来。随着互联网技术的迅速发展与普及，青少年的各种意识形态得到快速发展，包括自我意识、民主意识和成长意识等，他们展现出了前所未有的崭新的精神面貌，更加善于对人际关系进行处理，注重双方的沟通与交流，善于运用新的态度和方式来处理主体间的人际关系。

互联网时代思想政治课教育教学中的主客体关系，是由教育者和受教育者共同组成的复杂的带有交互性的关系。即是说，如果此教育情境是由教育者主动创建的，则教育者便是主动施教的主体，受教育者便是被动接收信息的客体；如果此教育情境是由受教育者主动创建的，那么受教育者不仅是主动学习的主体，还是自我教育的主体，教育者只起辅助、参与、服务的客体作用。由此可见，在思想政治课教育教学中，教育者和受教育者之间始终保持这样一种互动关系，与传统教育方式中的抽象和静止的关系状态不同，"互联网+"思想政治课教育教学更多的体现出了一种具体的、运动的、主客体相互交替的教学过程。大学生主体意识形态的快速发展和成熟，是这种新型的主客体教育关系出现的主要原因。因此，在"互联网+"思想政治课教育教学工作中，必须始终坚持教学理念和教学原则的主体性，明确大学生主体性发展的特点，鼓励大学生主体意识行动的发挥，满足大学生的需求，促进大学生的全面发展。

在"互联网＋"视域下，思想政治课教育教学工作开展过程中贯彻主体性原则时需要做到以下两点。

（一）不断加强调查研究

只有通过详细的调查研究才能对大学生和当前的思想政治课教育教学状况有充分和准确的了解，才能掌握大学生的各种需要以及他们的性格特征，从而有的放矢，根据具体情况改进和实施思想政治课教育教学。这一工作的重点在于抓住"互联网＋"视域下思想政治课教育教学过程中大学生思想和行为方面的主要矛盾，尽可能地满足其成长成才的知识和情感需求，对他们形成有效指导。

例如，对于刚进入大学的大学生来说，他们对网络技术的需求是帮助提高自身的学习，提高综合素质，因此在对他们进行思想政治教育时，重点是要为他们提供一个良好的校园网络文化氛围，帮助他们掌握网络学习的正确方法，培养良好的网络素养，加强自身对网络信息的选择，防止大学生沉溺于网络世界无法自拔，自觉抵御不良信息对大学生的伤害。而对于大三、大四的大学生来说，他们已经适应了校园网络文化环境，在进行网络活动的过程中已经能够对自身的行为进行控制，并且增强了参与网络公共事务的自觉性。因此，对大三、大四大学生进行思想政治课教育教学，必须注重他们的主体性，充分发挥他们的主体意识，对他们的网络事务的观念和行为进行规范，保证大学生的健康发展。在"互联网＋"思想政治课教育教学中，要注意使用恰当的教学方法，充分发挥互联网的教育阵地作用，疏通互联网沟通机制，密切教育者与被教育者在网络和现实中的沟通与交流，建立网络和现实社会中的反馈机制，让大学生养成良好的民主实务参与观念，不断完善思想政治教育机制。

（二）挖掘大学生的主体能动性

将互联网技术与思想政治课教育教学相结合时，除了要发挥教育工作者的主体作用，也要尽可能地使大学生发挥其自我教育的主体作用，全面推动"互联网＋"视域下思想政治课教育教学工作的实效性。

二、疏导性原则

在"互联网＋"思想政治课教育教学工作中，需要遵守的一条重要原则——疏导性原则，这一原则体现了思想政治课教育教学"合目的性"和"合规律性"的统一。

在大学生思想政治课教育教学中，一个突出的特点就是带有明显的目的性，这种目的性是人主观意识的客观反映，既能体现出当前阶段社会发展的要求，又能体现出国家和人民的需求。"互联网＋"视域下的思想政治课教育教学工作还体现出目标指向性和价值取向性，要使思想政治教育在多元的网络文化环境中始终占据主导地位，代表正确价值观的形象，通过正确的网络手段或是渠道对社会舆论进行引导，维护人民的利益，同时还要批判网络上那些庸俗、偏激的思想和观点。与传统的教育环境相比，互联网是一个新开辟出的教育环境，因此将其作为思想政治课教育教学的新阵地，必定还要去面对和解决很多问题和难点。例如，如何引导和把握网络文化就是思想政治课教育教学当前面临的一个重要问题。互联网技术的发展和网民人数的急剧增加共同推动了网络文化的产生，人们可以相对自由地以匿名状态发表自己的观点，具有虚拟性、参与性等特征，这种状态的发展催生了一套独属于网络空间的话语体系。在这一网络话语体系下，怎样构建思想政治课教育教学的话语体系，怎样让大学生尽快适应网络环境中的表达方式，怎样实现教育者和受教育者之间的有效沟通，都是"互联网＋"思想政治课教育教学工作所要面对和解决的问题。又如，互联网技术的发展在使得信息传播呈现开放性、去中心化等特点的同时，也使得人的认知和思维能力突破了边界，在虚拟时空得到了新发展。但网络利弊共存，如何使人们清楚地认识网络技术对其思想行为的影响，如何趋利避害、以我为主、为我所用，如何有效辨别各类信息而不使得自身的思想行为遭到蚕食。再如，网络舆情的把握和舆论危机的应对问题。怎样才能够对网络舆论的发展规律有所了解并采取适当措施对网络舆论加以控制，怎样才能有效应对网络舆论危机。以上都是"互联网＋"思想政治课教育教学过程中必须考虑和解决的问题，如果不未雨绸缪或是及时解决各项问题，那么互联网与思想政治课教育教学的融合便不能达到最优效果。因此，"互联网＋"视域下的思想政治课教育教学工作既要对思想政治教育本身的强烈目的性加以肯定，又要对网络传播过程中的各种问题加以考虑和解决，把握其中的规律。只有将合目的性和合规律性统一起来，将主导和疏引相结合，才能踏踏实实、一步一个脚印地实现"互联网＋"思想政治课教育教学的实效。

三、前瞻性原则

当前世界瞬息万变，在"互联网＋"思想政治课教育教学中除了要充分了解当前网络和思想政治课教育教学的发展特点，还要以发展性的眼光对网络和思想政治课教育教学的发展进行预判。前瞻性原则便与这一要求不谋而合，"互联网＋"思想政治课教育教学的前瞻性要求教育者根据现实状况和发展的可能性对未来的发展做出大胆、合理的判断，放飞思想，立足于现实又要超越现实。在当前社会条件下，具有前瞻性的思想显得尤为重要。互联网的发展为我们构造了一个开放性的空间，它不是为了满足某一种需求而设计的，而是一种总的基础结构，可以包容任何新的需求。正是这种开放性和无限性使得网络技术充满了诱惑，使得无数人投身互联网技术的探索之中并乐此不疲，从而不断创造出新的网络技术。在运用网络技术时需要信息、信息媒介、客户群参与其中，从而组成一个微观信息系统，这个系统从思想政治课教育教学的角度来说实际上就是一个新的场域，为思想政治教育打开另一扇窗户。

前瞻性原则主要在"互联网＋"思想政治课教育教学的工作策略和方法上得以体现。

随着社会的发展，网络技术也呈现出不同的特征，运用互联网进行大学生思想政治课教育教学，就必须准确掌握这些特点，然后有针对性地对大学生的网络意识和行为进行正确的引导，为他们的健康成长保驾护航。

在网络技术发展的初期，各大校园网络建设驶上了快车道，多媒体、万维网等得到了广泛应用，丰富多彩的网络信息迅速得到了大学生的青睐，网上冲浪、信息漫游也迅速出现在他们的日常生活中并消耗他们的大量时间；但是开放性的信息环境在给大学生送来最新资讯，不断开拓他们的视野的同时也在意识形态上对他们造成巨大的冲击。西方资本主义观念和社会多元化思想的充斥无疑会给大学生的价值观带来一些影响。教育者必须以前瞻性的眼光对这些问题加以考虑，在利用互联网进行思想政治课教育教学时要注重对互联网文化软环境的构建，积极推广那些形式多样、内容丰富、具有教育意义的内容，以此来吸引大学生的关注，在潜移默化中提高大学生的思想道德素质水平。当前，很多学校都推出了专门提高大学生思想政治观念的专题网站，如北京大学建立了"红旗在线"等，体现出在思想政治课教育教学方面对互联网平台的不断探索。

当前我国将互联网技术融入思想政治课教育教学的探索还不够成熟，不论是外在环境还是内在发展，都给"互联网＋"视域下的思想政治课教育教学带来了诸多挑战和机遇。道路是曲折的，前途是光明的，在探索和实践的道路上无论遇到什么样的困难，都要敢于创新，以坚韧不拔、激流勇进的精神面貌迎接新的挑战和解决新的问题。还要顺应网络发展的潮流，瞄准机会，把握机遇。在"互联网＋"思想政治课教育教学中，只有坚持前瞻性原则，才能高瞻远瞩、高屋建瓴、未雨绸缪，以冷静的头脑、主导性的姿态面对一切变化。

四、实践性原则

大学生思想政治课教育教学所具有的一项本质特征是实践性，这在新开辟的思想政治教育平台——互联网上体现得尤为突出。我国在接入互联网之后，互联网技术获得了突飞猛进的发展，大量新的互联网设备出现，无论是对人们的工作还是生活都产生了深刻的影响，对推动我国社会的发展起到了巨大的作用。在我国发展的不同阶段，网络的发展也遇到了多种多样不同的问题，这就使得我国在网络时代前进的过程中，必须始终进行网络理论和实践方面工作，不断解决出现的新问题。在其中接受教育的通常都是青年大学生，他们乐于接受新鲜事物，也更加容易接受新鲜事物，因此对网络的使用较为普遍，网络对大学生的影响也表现得最为深刻。当今社会，各种环境都处在动态变化之中，网络环境也不例外。要想切实提高思想政治课教育教学的效果就必须立足于当前网络发展的实践状况，以发展性的眼光进行思想政治课教育教学体系的反思和重建，更新思想政治课教育教学的内容和方式，以此创新思想政治教育，不断解决大学生成长中出现的新问题。

在"互联网＋"思想政治课教育教学中坚持实践性原则，即要求教育者不断拓宽教学途径，将理论与实践相结合，不断加强学习，把握好互联网时代开展思想政治课教育教学工作的方式方法。以下从三个方面对实践性原则加以论述。

（1）思想政治课教育教学工作者要与时俱进，既具备基础的网络技术，又真正融入网络生活。互联网自20世纪90年代进入中国，迄今为止走过二十几个年头。而教师大多是"70后""60后"，接触计算机和互联网的时间较短，对网络的技术的掌握可能还不深入，基本的操作可能还不娴熟，不能将互联网与教学很好地结合起来，这就要求教育者不断学习网络知识和进行实践，既能避免与大学生产生代沟，又不至于落后时代潮流，还能创新教育方法、增强教育效果。教育者要想真正融入网络生活，具备网络意识是关键。在平时的教育和生活中，要主动地与大学生进行网上交流、用心地感受网络文化、真诚地体会大学生们思想行为的变化、深刻地反思与总结，真正做到与大学生在同一时空下交流、学习。

（2）思想政治课教育教学工作者要对网络文化有详细了解。没有调研就没有发言权，思想政治课教育教学工作者只有通过各种渠道对这一新兴事物有深入的了解，才能认同这一文化，从而保证在网络环境中与大学生畅通地交流。在当前的互联网文化环境中，大学生的网络实践表现出了明显的亚文化色彩的网络语言，这对于传统大学生思想政治课教育教学过程中，实现教育者和被教育者之间的有效沟通是极为不利的。因此，在"互联网＋"思想政治课教育教学中，教育者必须掌握这种新的网络话语系统，这样才能保证在网络上实现与教育者间的顺利沟通，提高双方沟通的有效性；用大学生常用的语言表达方式对其进行教育，缩短心与心的距离，提高思想政治教育的实效性。

（3）思想政治课教育教学工作者要转变教育观念。新时期的教育与传统教育已大有不同。中国人自古以来倡导"尊师重教"，大学生对老师也大多敬而远之，然而随着时代的发展，人们更加注重平等和自由，倡导一种"亦师亦友"的关系。网络的发展给师生搭建了沟通和建立感情的桥梁，教育者要转变传统的权威型的知识灌输者的角色和改变说教型的方式，以平等的姿态与大学生进行交流，从朋友的角度对大学生的思想和行为进行引导，从而增强教育效果。

五、方向性原则

方向性原则是指思想政治课教育教学要坚持正确的思想导向和政治导向。主要表现为，思想政治课教育教学过程中要旗帜鲜明地坚持社会主义和共产主义方向，坚持党的基本路线，高举社会主义大旗，坚定不移地沿着社会主义的方向发展。只有坚持方向性原则，才能不偏离航向、不背离初衷，始终保持无产阶级思想政治教育的本色；只有坚持方向性原则，才能起到纲领性作用，对人们的思想和行为加以统一，充分发挥思想政治教育的作用。

方向性原则是进行思想政治课教育教学的根本要求，要毫不动摇地在思想政治课教育教学过程中坚持社会主义方向，首先，必须将马克思主义及相关理论成果作为指导。其次，提高贯彻思想政治课教育教学方向性原则的自觉性。要充分认识到自身育人的目的，即培养社会主义四有新人，所以，要自觉地把方向性作为重要指引，不能偏离教育目标，使培养方向和目的贯彻在每一项工作中，从细节抓起，从规范抓起。再次，大学生也应该看到坚持正确的方向性有利于个人的发展，思想观念和政治素养有时对一个人的影响也是巨大的，坚定社会主义的政治方向是开展好工作的前提。最后，贯彻方向性原则必须讲究科学性。做工作，方法很重要，要对大学生进行思想观念的教育，不能用强迫的方法，此种方法不会长期有效。所以，在进行思想政治课教育教学时，要将各种方法整合在一起，灵活运用，不能只靠强力，这样才能取得事半功倍的效果。

六、求实原则

求实原则体现了一种踏实工作的科学态度。百年大计，教育为本，作为意识形态领域的思想政治教育更是根本中的根本，广大思想政治课教育教学工作者必须踏踏实实、认认真真、全力以赴地投入教学事业，这样才能够取得良好的教学效果。针对性是思想政治课教育教学的一个十分重要的特点，要做好这一点，就必须坚持实事求是的原则。在具体的思想政治课教育教学过程中，教育者必须认真观察、总结、反思，从社会现实和受教育者的实际情况着手，运用马克思主义的理论知识认识问题和解决问题，并不断进行思考，把握问题的规律，帮助自己更好地开展育人工作。简而言之，求实原则就是遵循"理论联系实际，从实际出发，实事求是"的思想路线。

（一）理论联系实际的含义

（1）牢固掌握思想政治课教育教学的相关理论知识。理论知识是对前人经验的科学总结，只有深入学习、牢固掌握相关理论，才能够正确指导实践，促进实践的顺利进行。因此，在进行思想政治课教育教学时，对本学科的理论知识进行全面掌握是最基本的要求。

（2）以实践为落脚点。任何科学的理论知识都不是空穴来风，其来源于实践，又作用于实践，受到实践的检验，只有这样，才能富有活力和生命力，随着时代的发展不断创新进步。

理论联系实际就要坚持实事求是，要始终不渝地坚持和发扬理论与实际相结合的原则和作风。

（二）贯彻求实原则的要求

（1）积极主动地对马克思主义的相关理论进行学习。马克思主义基本原理及其中国化理论成果是人们认识世界和几十年来革命和建设的智慧结晶。马克思主义是被实践检验了的科学的理论，在当代仍然焕发着生机和活力，有着鲜明而有效的指导作用，能够帮助人们形成正确的价值观，进而大大降低犯错误的概率。因此，必须自觉进行马克思主义理论的学习。

（2）以实际作为一切工作的出发点。任何工作都不能脱离生活和现状，思想政治课教育教学工作更是如此。在开展思想政治课教育教学时，教育者和受教育者都要坚持主观与客观、主体与客体的统一；以实际为基准，制订科学的工作计划，选择恰当的工作方法，逐步深入推进思想政治课教育教学工作。

（3）循序渐进地解决问题。为了在思想政治课教育教学工作中坚持求实原则，就必须按照及时发现问题、切实弄清问题、正确解决问题的三个步骤来办事。

①及时发现问题。用敏锐的眼光发掘实际存在的问题与矛盾，正视矛盾，不回避矛盾。发现问题是解决问题的第一步。

②确定弄清问题。发现问题后要仔细分析问题，只有这样才能更好地解决问题，要善于研究，抓住问题的实质，不为假象所蒙蔽。

③正确解决问题。在解决问题的过程中要坚持科学理论的指导，脚踏实地，将问题彻底解决。

七、身教与言教相结合，身教重于言教原则

（一）身教与言教相结合，身教重于言教原则的依据

身教与言教相结合，身教重于言教，这是党的思想政治教育工作的优良传统，也是思想政治课教育教学工作的重要原则之一。

1. 由思想政治课教育教学工作的特点决定

做思想政治课教育教学工作，一是靠说，二是靠做，也就是言教和身教。所谓言教，是指教育者通过说话、演讲、文章等宣传教育手段，做说服教育工作，对受教育者施加影响。所谓身教，就是教育者通过自身的行为、举止和实际行动，为受教育者做出表率，对受教育者发挥教育作用。对于受教育者来说，教育者的丰富学识、幽默语言、雄辩口才、机智言谈等言教固然重要，但是，如果这些言教与教育者的实际行为不相吻合，甚至相反，那么，教育者的言教就会成为夸夸其谈，被人讥笑。基于此，教育者要将言教和身教紧密结合，缺一不可，时刻规范自己的言行，从方方面面为受教育者起到表率作用，在一言一行中对受教育者产生有益影响。教育者在从事教学工作时务必做到言传身教，身教重于言教。

2. 由党的思想政治教育工作的优良传统决定

身教与言教相结合，身教重于言教历来是党的思想政治教育工作的优良传统。无论是革命战争年代还是和平建设时期，无数共产党人冲锋在前、退却在后，吃苦在前、享受在后，对人民起到了巨大的教育作用。在学校，广大教师教书育人，为人师表，"照亮别人，燃烧自己"的政治态度、治学风格、思想品德、言行作风，对大学生起着潜移默化的教育影响作用。许多思想政治教育工作者都能够做到严格要求自己，教育别人做到的自己首先做到，教育别人不做的，自己首先不做，很好地起到了率先垂范，榜样示范作用。思想政治教育重视坚持身教与言教相结合，身教重于言教的原则，不仅是开展思想政治教育工作的重要条件，更是对几十年来思想政治教育工作优秀经验的继承和发扬。

3. 思想政治课教育教学工作自身的要求

思想政治课教育教学不是一件普通的差事，而是群众性、民主性、实践性很强的工作。"打铁先得自身硬""喊破嗓子不如做出样子"，思想政治教育工作的威信，主要根源于思想政治课教育教学工作者的以身作则，率先垂范，这样才能有力地影响和教育大学生，并促使他们进行自我教育、自我提高，相互教育、共同提高。无数事实证明，身教是无声的却是很有效的思想政治教育工作。身教与言教相结合，身教重于言教，既是思想政治教育工作具有战斗力、吸引力和说服力的保证，又是思想政治课教育教学工作者应当具备的基本品质。

（二）贯彻身教与言教相结合，身教重于言教原则的要求

贯彻身教与言教相结合，身教重于言教的原则，思想政治课教育教学工作者就要身体力行，做到学为人师、行为世范，时刻谨记自己的教师身份，端正自己的言行，以自己的模范行为为大学生做出榜样。因此，思想政治课教育教学工作者必须有扎实的知识功底、良好的品德修养、突出的工作能力。"自己有一桶水，才能给人一碗水"，自己懂马列、信马列才能宣传马列，使人信服地接受马列理论；自己是一个有理想、有道德、有文化、有纪律的人，才能将大学生塑造成为社会主义"四有"新人。无声的行动远远比漂亮的口号更加有用。作为人类灵魂的工程师，思想政治课教育教学工作者更要以身作则，用自己的人格魅力征服大学生，使他们自觉主动地学习，提高思想觉悟，规范自己的言行，最终达到思想政治课教育教学的目的。

第二节　高校思想政治课教育教学的重要理念

教学理念是人们认识的集中体现，同时也是人们对教学活动的看法和持有的基本态度和观念，是人们从事教学活动的信念。教学理念有理论层面、操作层面和学科层面之分。明确表达的教学理念对教学活动有着极其重要的指导意义。因此，树立正确的、与时俱进的思想政治课教育教学理念对思想政治课教育教学的成效有着巨大的推动作用。在当前的互联网时代，思想政治课教育教学要与时俱进，树立现代化教学理念。

一、开放创新理念

大学阶段是大学生步入社会的重要准备阶段和过渡阶段，在现代社会历史条件背景下，大学不再像以往一样是一个比较封闭的个体，而是到处都体现着时代发展气息的向往自由的象牙塔，迈进大学校园，到处充满朝气、充满活力，大学成为面向社会、面向人生、面向世界、面向未来的新型园地。有容乃大，大学之"大"，正在于此，它容纳了各种学术文化思想，思想的火花在这里碰撞，智慧的光芒在这里散发，正因如此，大学给予人们一

种开阔的视野、开放的思维和充分、自由、全面、和谐发展的空间。因而，思想政治课教育教学也应该强调开放性、发散性、立体性、自由性和创造性，注重以开放的视野、发散的视角、立体的维度、自由的模式和创造性的气魄来培养人、造就人，树立开放创新的理念，坚持与人的开放式的思想活动同步、坚持同社会的开放性发展合拍，从而使大学生思想政治课教育教学更好地贴近实际、贴近生活，面向世界、面向未来，更好地为社会主义建设事业贡献自己的力量。

（一）开放创新的内涵

在计划经济时代，我国形成了一套固有的思想政治教育模式，但是随着我国对外开放程度的不断加深，社会主义市场经济的发展已经取得了一定的成果，原有的思想政治课教育教学模式已经不能再适应社会的需求，因此必须对大学生思想政治课教育教学模式进行创新。从当前大学生思想政治课教育教学情况来看，在实际操作中，存在着较为严重的短期行为、孤立行为、务虚行为和信念模糊等情况，这对"互联网＋"背景下提高大学生的思想道德素质是极为不利的。想要全面提高大学生的思想政治素质，就必须改变以往的教育模式，创新教学理念，在全球意识、服务意识、现代意识的指导下，切实提高大学生思想政治教育工作的质量。

（二）开放创新理念的落实方法

根据现代思想政治教育的基本原理和基本规律，不断创新思想政治课教育教学应遵循理论性与实践性相统一的原则，时代性与实效性相统一的原则，继承性与创新性相统一的原则，真理性与价值性相统一的原则，系统性与开放性相统一的原则。

创新思想政治课教育教学，包括创新内容、方法、教师队伍建设、保障机制等。

在创新思想政治课教育教学的内容上，要坚持以理想信念教育为核心，加强思想政治课改革和建设；要坚持科学精神和人文精神并重；要重视和加强大学生网络道德和法制教育。

在创新思想政治课教育教学方式和方法上，要坚持外部灌输与引导学生自我实践体验相结合；要注重情感互动，情理结合；要把思想政治课教育与解决实际问题相结合；要以互联网、手机、微博等新媒体为载体，拓展思想政治课教育教学的新阵地；要充分利用时尚、情感、文化元素，增强教学的针对性与实效性。

在创新教师队伍建设上，要建设一支精干的专兼结合的思想政治教育队伍；要大力加强师德建设，培养和提高教师个人的人格魅力。

除此之外，保障机制上要做到创新，具体表现为：

第一，创建科学的思想政治课教育教学效果的评价机制，定期进行督促、检查与评价，全面掌握思想政治课教育教学进度和具体实效。

第二，实现思想政治课教育教学与社会实践的接轨。要密切结合学生实际，因人施教、因材施教。要积极引领学生深入社会，在实践中受教育、长才干。

第三，注重培养学生的主体意识和自我教育能力。要注重教育方法的改进，加强教育过程中师生的双向交流，引导学生进行自我认识、自我评价、自我约束、自我激励以及自我完善。

第四，创新思想政治课教育教学的保障机制。保证并加大必要的大学生思想政治课教育教学的经费投入；积极为大学生思想政治课实践活动的开展提供必要的设施、设备和活动场所；善于运用现代技术提升大学生思想政治课教育教学的效果；不断建立健全各项规章制度。

二、全面发展理念

人的全面发展问题，是一切工作的中心问题，如果这个问题解决得好，那么将对社会经济的发展起到很大的积极作用，如果这个问题解决得不好，那么这对我国社会经济的发展也会产生很大的阻碍作用。大学生思想政治课教育教学承载着培养社会主义合格建设者和可靠接班人的历史重任，是造福千家万户的民心工程，必须以人的全面发展作为其基本理念。

（一）全面发展的内涵

重视学生的全面发展，并且根据时代的变化及时拓展学生全面发展的内涵，是我们党的一个优良传统。

2004 年，中共中央、国务院联合下发《关于进一步加强和改进大学生思想政治教育的意见》（以下简称《意见》）。《意见》从全面实施科教兴国和人才强国战略、应对激烈的国际竞争、全面建设小康社会加快推进社会主义现代化以及培养中国特色社会主义事业合格建设者和可靠接班人的战略高度，充分肯定了大学生思想政治教育的重要意义。党的十八大把促进人的全面发展写入中国特色社会主义道路，既是对科学社会主义核心原则的继承，也符合当前中国社会主义初级阶段的实际情况。在党中央的领导和重视下，促进当代大学生的全面发展和健康成长，是新时期顺应时代发展客观需要的重要热潮。

从上述内容中我们可以看出，所谓的实现大学生的全面发展，实际上就是要提高大学生的综合素质。具体来说主要包括思想道德素质、科学文化素质和身心健康素质等，这三个方面互相协调，共同推动了大学生的全面发展。其中，在大学生教育培养过程中，思想道德素质是大学生素质教育的灵魂，在素质教育中处于最基础的地位；科学文化素质是大学生成才的基石，在素质教育中处于关键性的位置；身心健康素质是成就人才的根基，大学生的思想道德素质和科学文化素质都是在此基础上培养起来的。由此我们可以说，实现大学生的全面发展，就是要实现大学生在思想道德素质、科学文化素质和身心健康素质三方面的协调、可持续发展。

（二）"全面发展"的思想政治课教育教学思路

用全面发展的观点指导思想政治课教育教学工作，主要目的是让大学生树立起全面发展的教育观，实现大学生在思想道德素质、科学文化素质、健康素质三方面的协调发展。

1. 思想道德素质教育

思想道德素质是指个体通过接受一定的教育和参加社会实践活动，经过独立自主、积极理性的思考后形成一定社会或阶级所要求的思想观念和道德准则，并自主、自觉与自愿地做出相应行为的素质与能力。一般来讲，大学生思想道德素质包括思想素质、政治素质和道德素质三个方面。思想道德素质教育是大学生素质教育的灵魂，大学生是我们实现中华民族伟大复兴的希望，他们的思想道德素质状况直接关系到全面建设小康社会的目标能否顺利实现。在新的历史条件下，加强大学生的思想道德素质教育，努力提高他们的思想道德水平，对于弘扬中华民族伟大民族精神和时代精神，在社会上形成良好的道德风尚，全面建设小康社会，加快推进社会主义现代化建设具有十分重要的意义。

（1）思想素质教育的内容

对大学生进行思想素质教育，其主要目的是要提高大学生的马克思主义理论素质，让他们掌握科学的世界观和方法论，在分析问题的过程中，善于运用马克思主义的观点，培养学生的创新意识，满足社会的发展需求。具体来说，思想素质教育的内容主要有以下两点。

第一，马克思主义基本理论教育。促使大学生努力学习和全面掌握马克思列宁主义基本原理、毛泽东思想、邓小平理论、"三个代表"重要思想和科学发展观，使大学生具有扎实的马克思主义基本理论功底。

第二，马克思主义世界观和方法论教育。要深入开展马克思主义哲学教育、实事求是的思想路线教育、马克思主义认识路线教育和科学方法论教育，引导大学生树立科学的马克思主义世界观和方法论，培养他们自觉地运用马克思主义唯物辩证法的观点和方法认识世界、改造世界、解决实际问题的能力。

（2）政治素质教育的内容

对大学生进行政治素质教育的目的是，帮助大学生树立起正确的政治观点，提高他们的政治敏感度和判断力，在未来发展中始终坚持维护正确的思想指导，坚持社会主义发展方向，坚决拥护党的领导，坚持民主执政，为中国特色社会主义事业的发展做出自己的贡献。根据这一目标，政治素质的教育内容有以下三点。

第一，理想信念教育。引导大学生树立建设中国特色社会主义的共同理想和共产主义远大理想，激励他们为实现这一伟大理想而奋发向上、开拓进取。

第二，爱国主义教育。让大学生了解中华民族优秀历史文化传统，弘扬和培育中华民族伟大民族精神，增强民族自尊心、自信心和自豪感，激励他们把满腔爱国热忱投入建设中国特色社会主义事业中去。

第三，民主法制教育。帮助大学生树立社会主义民主法制观念，明确作为一个国家公民，所享受的权利和应尽的义务。教导他们自觉遵守国家法制法规，并勇于同一切违法乱纪的行为做斗争。

（3）道德素质教育的内容

对大学生进行道德素质教育的主要目的是，提高大学生的思想道德水平，遵循道德规范，培养他们对于道德的良好认知能力，树立起为人民服务的价值观念，能够正确处理个人与集体利益之间的关系，始终将集体的利益放在首位。

根据这一教育目标，道德素质的教育内容有以下三点。

第一，公民基本道德规范教育。对大学生进行以"爱国守法、明礼诚信、团结友善、勤俭自强、敬业奉献"为主要内容的基本道德规范教育，使他们明确作为一个社会公民所应遵守的最起码的道德。

第二，社会公德、职业道德和家庭美德教育。培养大学生以"文明礼貌、助人为乐、爱护公物、保护环境、遵纪守法"为主要内容的社会公德，以"爱岗敬业、诚实守信、办事公道、服务群众、奉献社会"为主要内容的职业道德，以及以"尊老爱幼、男女平等、夫妻和睦、勤俭持家、邻里团结"为主要内容的家庭美德。

第三，社会主义和共产主义道德教育。在培养大学生公民道德的基础上，还要对他们进行社会主义人道主义教育和以为人民服务为核心、以集体主义为原则、以"五爱"为基本要求的社会主义道德教育，并在大学生先进分子当中提倡大公无私、先人后己的共产主义道德规范。

2. 科学文化素质教育

科学文化素质教育包括科学素质教育和人文素质教育两个方面，这两个方面又是紧密联系、相互渗透、不可分割的。科学文化素质教育的具体内容包括很多方面，从德育的角度来讲，大学生科学文化素质教育的重点在于培养两种精神——科学精神和人文精神。这两种精神是科学文化素质教育的核心。

科学精神是人们从科学活动过程中和科学认识成果中提炼出来的价值准则和行为规范，是人们的认识精神在科学认识上的投影，是人类在漫长而艰巨的科学研究探索过程中逐渐形成而不断发展起来的一种主观的精神状态。科学精神激励着人们驱除愚昧、求实创新，不断推动社会的进步。无论是西方近代的文艺复兴，还是我国现代的五四运动，无不显示出科学精神的巨大作用和深刻影响。科学精神由于是在科学活动的过程中形成并发展起来的，因此，科学精神的内涵也随着科学活动的不断推进而不断得到充实和发展。在当代，科学精神有着新的时代内涵。科学精神的内涵很丰富，最基本的要求是求真务实、开拓创新。因此，对大学生科学精神的培养，重在培养以下几种精神。

第一，坚定不移的求真精神。科学研究是一种艰苦的工作，通向未知世界的道路绝对不是平坦大道，这条路上布满了荆棘，只有付出辛勤的汗水，矢志不渝，才会获得成功。

第二，尊重事实的务实精神。科学是老老实实的学问，来不得半点虚假和浮夸。只有尊重事实，从实际出发，以实践作为检验真理的唯一标准，才能正确认识客观世界，揭示事物的客观规律。

第三，勇于批判的怀疑精神。怀疑是一切科学创造活动的真正出发点。哥白尼从怀疑地心说而最终提出日心说，达尔文从怀疑上帝造人说而提出进化论，科学就是在不断怀疑批判前人学说的基础上获得进步和发展的。

第四，勇于开拓的创新精神。创新精神是科学得以创造和发展的精神动力和力量源泉。科学活动是从已知出发去探索未知从而发现和认识世界的，它在本质上是创造性的。提出新问题，解决新问题，得出新成果，是科学工作者的本职，也是衡量他们工作表现、价值大小的尺度。

人文精神是一个民族、一种文化的内在灵魂和生命，是贯穿在人们的思维和言行中的信仰、理想、价值取向、人格模式和审美情趣。它是特定环境里各类精神价值的综合，是时代文化精神的核心。以人为本，关注人的现实存在和终极价值是人文精神的主旨，也是人文精神得以产生的源泉。人文精神的培养和人文素质的教育在中外教育史上具有悠久的历史。如我国古代儒家所提倡的"君子""大丈夫"等理想人格教育，近代蔡元培先生提出"普遍教育的宗旨在于养成健全的人格"等，都是重视人文精神培养和人文素质教育的光辉典范。人文精神是一个历史范畴，在不同的时代有不同的主题。当代大学生人文精神培养的基本内容是根据社会发展需要和大学生人文素质的现状来确定的，它主要包括独立人格教育、道德理念教育、人生态度教育和终极关怀教育四个方面。

第一，独立人格教育。独立人格是大学生人文精神培育的基础和前提。一个人只有首先在人格上具有独立性和自主性，不盲目地听从别人，有自己的意见和主张，才谈得上具有人文精神。畏畏缩缩、唯唯诺诺、趋炎附势，连人的尊严都丧失了，又怎么谈得上具有人文精神呢？

第二，道德理念教育。一个人不仅要成为一个独立的人，而且还要成为一个有道德的人。要教育大学生爱人如己、推己及人，设身处地为他人着想；要"先天下之忧而忧，后天下之乐而乐"，具有仁民爱物的胸怀；要热爱自然，保护环境，维护生态平衡。

第三，人生态度教育。在对人生的态度上，要教育大学生具有积极乐观的人生态度，自强不息，开拓进取。人的一生不可能是一帆风顺的，逆境和顺境总是交替出现，伴随人的一生。要教育大学生身处顺境时，不得意忘形，要居安思危；身处逆境时，不怨天尤人，要坚韧不拔，百折不挠，勇往直前。

第四，终极关怀教育。人文精神是现实性和超越性的统一。它既是一种现实关怀，体现现世性的精神追求；又是一种终极关怀，体现了人对超越有限、追求无限的一种渴望。终极关怀源于人是一种有限而企盼无限的存在物，是人的精神世界对超越有限、追求无限的一种渴望，是对生命意义的一种终极关切。它具体表现为理想和信念。要引导大学生树立共产主义远大理想，在社会主义现代化建设事业中以自己有限的生命获得无限的人生意义。

在人类的精神家园中，科学精神和人文精神占据了重要的地位，二者之间是一种相互联系、互为补充的关系。从本质上来看，二者都是一样的，都是在人们对于至真、至善、至美生活向往的追求中所产生的。在对大学生思想政治教育的过程中，必须注重对其科学精神和人文精神的共同培养，这是因为，人文精神可以做支撑科学精神的培养，而科学精神又可以对人文精神的培养进行指导。如果失去了人文精神，那么科学精神也就失去了其存在的真正意义，失去了科学精神的人文精神，同样也是不完整的。因此，对大学生思想政治教育，必须注重科学精神和人文精神的相结合，克服只重视科学精神教育而忽视人文精神教育或者只重视人文精神教育忽视科学精神教育的错误倾向。

3. 健康素质教育

健康是大学生成才的重要保障，已成为人们的共识。健康的含义，包括生理和心理两个方面的内容。1948 年世界卫生组织明确指出，健康是一种身体上、精神上、心理上和社会上的完满状态，而不是没有疾病或残弱现象。因此，这里的健康素质教育主要包括两个方面，即身体健康素质教育和心理健康素质教育。

身体健康素质教育。身体素质是人的素质发展不可缺少的物质基础，是在遗传获得性基础上发展起来的人体形态与生理功能上的特征，包括生理解剖特征（身高、体重、骨骼系统、神经系统等）和生理机能特征（运动素质、反应速度、负荷限度、适应能力、抵抗能力等）。身体健康素质教育也就是我们通常所讲的体育，从德育方面来讲，身体健康素质教育就是要教育大学生树立"身体是革命的本钱"的观念，促使大学生积极参加体育锻炼，增强体质，做到劳逸结合，只有拥有健康强健的身体，才能开展其他一切活动，才能全力提高其他方面的素质。

心理健康素质教育。心理素质是指在认知、情感、意志过程中所表现出来的求知欲、审美力、乐群性、独立性和坚持力等。它是个人整体素质的一个极为重要的方面，良好的心理素质是大学生学会适应社会、具有良好人际关系、形成健全人格的重要保障。近年来，许多有关大学生心理健康状况的调查资料显示，当代大学生心理矛盾日渐增多，由此引发的心理问题也日渐突出。大学生心理健康问题越来越受到社会的广泛关注，加强大学生心理健康素质教育成为大学生思想政治教育的一项紧迫任务。根据大学生心理健康的基本标准和目前大学生当中普遍出现的心理问题和心理疾病，我们把大学生心理健康素质教育内容制定如下。

（1）积极适应性教育

进入大学，面对一个与以前截然不同的新环境，许多大学生都会产生强烈的心理冲突，出现程度不等的适应不良症状，这就需要对他们进行积极的适应性教育。要培养大学生适应环境的能力，引导他们掌握排解学习、生活中的心理困扰的方法和技巧，使他们尽快适应新生活，保持心理健康。

（2）健康情绪教育

大学时期是大学生面临的一个特殊发展时期。面对环境的变化和来自社会、家庭的压力，大学生当中很容易出现迷惘、焦虑、孤独、自卑、苦闷、空虚等心理障碍。这些障碍若不及时清除，会严重影响他们的健康成长和成才。因此，要让大学生了解人的情绪健康的标准及自身情绪变化的特点，学会体察和表达自己和他人的情绪情感，掌握调节情绪的方法，运用有效的调控手段，使自己经常保持良好的心境和乐观的情绪。

（3）加强意志教育

现在的大学生大多成长环境较为优越，没有经过艰苦生活的磨炼，对生活的期望值过高，缺乏迎接困难的心理准备，不少人意志力薄弱，耐挫力差。对此，应引导大学生充分认识意志在成才上的作用以及自身意志品质的弱点，激发大学生以坚强毅力和顽强精神去克服困难的勇气，增强大学生的心理承受力，鼓励他们持之以恒、百折不挠地向着既定目标前进。

（4）健全人格教育

人格障碍是大学生心理健康中比较突出的一个问题，对大学生的健康成长构成了很大的威胁，因此，人格教育是当代大学生心理素质教育的核心和关键。要引导大学生气质、能力、性格和理想、信念、动机、兴趣、人生观等各方面平衡协调发展，培养他们适中合理的思考问题的方式、恰当灵活的待人接物态度，使他们能与社会的步调合拍，也能与集体融为一体。

（5）人际交往教育

人是社会的人，任何人都不可能离开他人和社会孤立地生存与发展。和谐良好的人际关系是维持和促进大学生心理健康的前提。要帮助大学生掌握人际交往的特点和规律以及人际交往艺术，使他们在群体中能与人和睦相处，学会沟通、互助和分享；善于在群体中发挥自己的才干，达到高水平的自我实现；在与人交往的过程中养成宽宏大度、尊重他人、乐于助人的良好品质。

三、以学生为中心理念

思想政治课教育教学是教育学生、说服学生、塑造学生的工作。关注学生的自身发展、解读人存在的意义、帮助其建构精神家园，进而促进学生全面自由的发展是思想政治课教育教学的重要任务，为此，思想政治课教育教学的价值和归宿就是以学生为中心。思想政治课教育教学也只有坚持"以学生为中心"的核心教学理念，才能产生影响力和亲和力，也才能提升教学效果。

（一）以学生为中心理念的洽释

罗杰斯是人本主义心理学派的重要代表人物之一。他在长期的心理治疗和研究的基础上逐渐形成了"以来访者为中心"的治疗理论，并将这一理论扩展到教育领域，提出了"以学生为中心"的教学理念，即非指导性教学模式。

以学生为中心的教学理念，实质上就是尊重受教育者在学习中的主体地位。它包括三个方面的内容：第一，教育者必须具备三种优良的品质，即真诚、接受和理解。第二，教育者必须做到"以人为本"，真正尊重受教育者。第三，必须把受教育者视为学习活动的主体，教学和教育都应以受教育者为中心，应尊重受教育者的个人经验，并创造一切条件和机会，促进受教育者学习和变化。

罗杰斯主张"以学生为中心"，主张非指导性教学模式，主张自由学习。但是，"非指导"并不是"不指导自由学习"，也不是"放任自流"。在传统教育模式中，教育者往往是"权威者""决定者"，受教育者是"接受者""服从者"。非指导性教学模式主要是摒弃传统教育模式中教育者占主体地位的弊端，强调受教育者在学习中的主体地位，实现教育者和受教育者的角色转换，促使其平等对话、协同参与，共同完成教学任务。

中国华中科技大学教育科学研究院刘献君教授指出，"以学生为中心"的教育理念不是指教师围着学生转，也不是指教师与学生角色、身份、地位的高低，而是指教学理念、管理理念、服务理念的转变，教学方法、评价手段的转变。教育的目的不在"教"而在"学"，也即"教"只是手段不是目的，学生学习了就有教育，没有学习就没有教育。因此，最根本的是要从以"教"为中心，向以"学"为中心转变，即从"教师将知识传授给学生"向"让学生自己去发现和创造知识"转变，真正关注学生的学习、他们如何学以及学到了什么。

杜肯大学的威廉姆·巴伦内教授从心理学的视角，对"以学生为中心"的教育进行了界定，认为它是将教学的重心从教师转化为学生自己要学和要做；赋予学生权利，让其更充分地参与，更好地被激发，对自己的学习更负责的一种教学模式；其效果超越对孤立事实的死记硬背，强调高层次（由记忆、理解、应用到分析、评价、创新）的思考、强调学生的主动学习，通过主动学习提高学生成绩和参与程度，更好地激励他们承担学习责任和增强自我意识；强调教师的革新，要和学生建立积极的关系，鼓舞学生积极思考和学习。他同时强调：以学生为中心的学习不是一种特定的教学方法，很多不同的教学方法都可以用于其中；以学生为中心的课堂教学，并不意味着学生可以随心所欲，而应对自己的学习负责。

综上所述，"以学生为中心"实际上是要实现本科教育从"教"到"学"、从"传统"到"学习"这一新范式的转变。在"以学生为中心"的教育理念下，学习环境和学习活动是以学习者为中心，并由学习者自己掌控，大学的目标是为学生自主发现和构建学问创造环境，使学生成为能够发现和解决问题的学者。教师是学习的组织者和指导者，要从整体的角度设计学习，学生是学习过程的主体，是知识的探索者和建构者，通过教师的引导，充分发挥和调动学生的学习积极性和主动性。

（二）以学生为中心教学理念的理论基础

1. 人本主义理论

人本主义理论是美国当代心理学的主要流派之一，由美国心理学家马斯洛创立，现在的代表人物有罗杰斯。人本主义反对将人的心理低俗化、动物化的倾向，故被称为心理学中的第三思潮。人本主义强调爱、创造性、自我表现、自主性、责任心等心理品质和人格特征的培育，对现代教育产生了深刻的影响。人本主义教学思想关注的不仅是教学中认知的发展，更关注教学中学生情感、兴趣、动机的发展规律，注重对学生内在心理世界的了解，以顺应学生的兴趣、需要、经验以及个性差异，达到开发学生的潜能、激发其认知与情感的相互作用，重视创造能力、认知、动机、情感等心理方面对行为的制约作用。教师在教学中的角色发生了变化，不再是主导者、决定者和评估者而是辅导者、合作者、促进者和帮助者。教师的职责不再是以前的授业解惑，而转变成创造良好轻松的学习氛围，提供学生学习需要的更多资源，鼓励诱导学生独立思考获得学习经验。学生的职责也不再是被动地接受知识，而具有选择权和主动认知权，对学习和考核评价负有责任。

2. 建构主义理论

建构主义也译作结构主义，是认知心理学派中的一个分支。基本观点是，儿童是在与周围环境相互作用的过程中，逐步建构起关于外部世界的知识，从而使自身认知结构得到发展的。儿童与环境的相互作用涉及两个基本过程："同化"与"顺应"。建构主义理论的内容很丰富，但其核心只用一句话就可以概括：以学生为中心，强调学生对知识的主动探索、主动发现和对所学知识意义的主动建构。建构主义认为，知识不是通过教师传授得到的，而是学习者在一定的情境即社会文化背景下，借助其他人（包括教师和学习伙伴），利用必要的学习资料，通过意义建构的方式而获得的。提倡在教师指导下的、以学习者为中心的学习，既强调学习者的认知主体作用，又不忽视教师的指导作用。教师是意义建构的帮助者、促进者，而不是知识的传授者与灌输者。学生是信息加工的主体，是意义的主动建构者，而不是外部刺激的被动接受者和被灌输的对象。以学生为中心的教育理念坚持以学生为本，教学过程中以学生为主体，正是建构主义理论的具体体现。

（三）以学生为中心教学理念形成的必要性

（1）坚持以学生为中心的教学理念是实现培养人才的教学目的的需要。思想政治课是对学生进行系统的思想政治教育的主战场，其最终目的就是培养适应时代发展的高素质大学生。因此，思想政治课教育教学必须面对互联网时代的社会开放和价值多元的现实，通过课内课外、网上网下给予学生正确引导，使学生能够正确运用新的媒介载体，识别纷繁复杂、良莠不齐的网络信息资源，从中选择有利于自己身心发展、成长成才的信息。当今的大学生视野开阔、思想前卫，但是他们缺乏人生阅历以及经验，崇尚自我个性的张扬，与强烈的求知欲相比，判断力比较弱，"互联网 +"视域下纷繁复杂的信息资源，很容易影响他们的世界观、人生观以及价值观。因此，思想政治课教育教学要以学生为出发点和归宿，突出学生的个性发展，满足学生成长成才的合理需求，并及时给予他们帮助和引导，引导他们正视道德冲突，解决道德困惑，尽一切努力用服务的意识去实现教学的目的。

（2）坚持以学生为中心的教学理念是完成思想政治课教育教学任务的需要。学生是教育的出发点，也是教育的归宿。高校教育的根本任务是培养人才，思想政治课教育教学的根本目的是立德树人，以促进人的全面发展。因此，必须改变长久以来思想政治课教育教学以"传道"和灌输为主要抓手，忽视学生能力和个性培养的局面。思想政治课教育教学要贯彻和落实中央科学发展观、科教兴国和人才强国的战略，进一步强化大学生思想政治教育的任务性，以立德为基础促进树人。坚持以学生为中心，在培养他们自觉明辨是非、自主选择和自我修养的能力的同时，培养他们坚持正确的政治方向，自觉抵制各种黄、毒、反动等有害信息的侵染，使他们健康成长、全面发展。

（四）以学生为中心理念的实现途径

1. 塑造新型的师生关系

教育不是以传输知识为主，是赋予学生对于生命的理解，是为了培养学生健全的人格。教学真正的意义在于让学习发生，教师应该为学生创造学习需求、学习动机。"互联网＋"视域下思想政治课教育教学的重大意义在于能让学生的学和教师的教更有效，能够检验课堂上所建立的师生关系是否符合新时代下通过师生互动协作产生新型师生关系的要求。"互联网＋"视域下思想政治课教育教学新型师生关系不是以独立的某个个体为中心，而是协同合作的。要想塑造新型的师生关系必须做到以下三点。

（1）"互联网＋"让学生感受到教师的爱无处不在

爱是教育的源泉，没有爱就没有教育。教师对学生的关爱形式表现为有意识地关心弱势群体，多提问"学困生"，利用课余时间找学生谈心或者课后对部分学生进行家访，但这种关爱方式只能照顾到个别学生，不能面向全体学生等方面。随着"互联网＋"的发展，教师对学生的关爱方式更灵活，覆盖面更广。教师可以利用各种网络平台和学生成为朋友，如建立 QQ 群或微信朋友圈和学生、家长进行交流等。以往，教师要想在假期全面了解学生的学习生活情况，只能在开学后对学生进行简单的了解，而深入了解至少要在开学一两个月甚至半个学期以后才能得以实现。随着各种网络平台的出现，教师可以随时随地了解学生的情况，给予学生关心、解答学生的疑难问题，这对于师生之间的交流与沟通具有重大的作用。

（2）思想政治课教师要让学生乐意参与教学活动

每个学生都是独立的个体，教师在教学中要因材施教。在教学过程中，教师应该为学生创造学习的机会和展示自己的平台，激发他们的学习兴趣，营造良好的学习环境，让学习发生。教师要利用"互联网＋"时代的一切信息化手段让学生乐意参与教学活动。比如PPT 展示、微视频制作。

（3）重新进行思想政治课教师的角色定位

在传统思想政治课教育教学中，教师一言堂、满堂灌，结果使学生个性得不到发展，心理受到压抑，找不到成功的动力。因此，必须对传统的思想政治课教师进行重新定位。

教师与学生在人格上是平等的。由此就决定了教师的角色不是领导，不是严父，不是法官，不是"上帝"，而应当是导师、朋友和助手。

导师。教师应以学生为中心，以学生发展为根本，既要关心学生吸取知识，更要注重丰富学生情感，健全学生的身心，完善学生的人格，教学生学会做人。教师应是学生自我发展的促进者，理想探求的指路者，心理困扰的排除者。应把学生当作学习的主体，改变单纯灌输的落后方法，让学生变被动接受和管理为主动参与，领着学生走向知识，而不是领着知识走向学生。激发学生创造的潜能，而不是单纯品尝前人创造的成果。

朋友。与学生交朋友，是思想政治课教师教学的一个重要手段。在关心热爱每个学生的同时，以爱心去理解、去尊重、去温暖、去感化，这样教师不仅能教书，而且是师德高尚、热爱生活、兴趣广泛、才华横溢、乐于并善于与学生打交道的朋友，是学生依靠的良师益友。

助手。教师应放下架子，淡化权威的角色，与学生共同探究、教学相长。帮助他们克服在人生道路上的障碍，帮助他们战胜学习知识中的种种困难，相信他们，鼓励他们做自己能做的事，支持他们在实践中增长才干。

2. 创新教学方式

（1）在线教学

在线教学包括课堂教学活动的前期自学准备阶段和后期巩固、拓展阶段。前期自学准备阶段的在线学习是在翻转课堂之前，学生通过各种网络平台自主完成基础知识的自学活动，主要包括目标导学、微课助学、在线测学、问题反馈四个环节，依托当前已建成的面向高等教育领域的信息化平台，如在线精品视频公开课、MOOC、微课资源库等；打造适合学校与学生实际的多层次、多维度、覆盖广的网络教学平台，如建立在线开放精品课程、手机微信课堂、博客、微博、QQ 群等。后期巩固、拓展阶段的在线学习是在翻转课堂结束后，学生的在线网络学习是对教学内容的巩固、应用与延伸。整合校内外各级网络资源，如教育部和各级院校的优秀思想政治类网站、全国爱国主义教育基地网站、学术与教学资源、数字图书馆、网络论坛、知名高校微信及微博等，利用已建成的具有本校特色的思想政治课专题网站、在线课程及个人创设的各种网络教学平台，让学生进行课后的延伸阅读、在线复习与测试、互动交流和评价反思，了解思想政治理论动态，开展专题活动，观看影视作品，感受红色教育，播报与评论时事，评选身边优秀人物，展播优秀作品等。

（2）课堂教学

课堂教学即翻转课堂，是思想政治课教师按照课表时间安排，在一体化教室等真实场所，通过多媒体等现代技术手段，与学生互动完成课堂教学活动，是释疑、深入、内化、提升的教学过程，是整个教学阶段的关键部分。课堂教学活动通过小组的团队合作完成，教学的主要任务是解决学生在线学习的共性问题，进行教材重点知识的理解与内化训练、教学难点的剖析，梳理教材知识体系，讨论前沿理论与热点现实问题，塑造学生的创新思维等。在解决学生在线学习共性问题时，多采用讨论、分析、归纳的教学方法；在进行教材重点知识的理解、教学难点的剖析、知识体系的梳理时，虽然以教师讲授为主，但多运用多媒体等现代教育技术手段，通过文字、图片、图表、音频、动画、视频等形式，以鲜活的、生动的方式呈现给学生；在进行重点知识的内化过程中，多创设与当前学习重点内容密切相关的真实情境，通过项目任务进行训练，如主题演讲、辩论赛、模拟法庭、角色扮演、问卷调查结果反馈、社会采访与调查视频、随手拍、微视频等；在讨论前沿理论与热点现实问题时，以学生关注的访谈、明星或案例作为切入点，采用新闻播报、问题评论、小组辩论等方式。

（3）实践活动

实践活动是指利用互联网开展校外实践和课堂实践活动。开展校外实践活动可以组织思想政治社团或部分骨干学生参观实践教学基地，也可以组织学生自愿参加志愿活动和参与社会调研等。让参观实践教学基地的学生将基地基本情况介绍、基地实景、解说、采访、感受等全过程制作成微电影，放在网站上，供其他未参加活动的学生观看，从而实现参观实践教学基地活动的全员化；参加志愿服务既可以是学生到现场真实参与活动，也可以开展网上服务，无论是哪种形式，学生都可以在网络平台上展示自己参加志愿活动的全过程；参与社会调研可以通过专业在线问卷调查平台进行，如问卷星等。开展课堂实践活动可以借助互联网，先让学生在课下观看在线优秀影视资源、纪录片、专题片，参观网络纪念馆，在课堂上进行讨论与演讲；提前在线布置课堂实践项目任务，让学生将完成的任务通过网络展示出来，让学生评选优秀作品，在课堂上展示并点评优秀作品。

第三章 高校思想政治课程教学的机制建设

第一节 高校思想政治课程教学考核评价机制

学科是大学的基础，也是大学的存在要素。学科评价是高等教育评价的一个方面和一种形式，是对大学中以学科为依托的人才培养、科学研究和社会服务活动的价值、效果和效率等进行综合评价的社会实践活动。学科发展动态数据的可收集性和学科评价的可能性是学科范式和共同体形成的重要标志，思想政治教育学科评价的出现是思想政治教育学科发展的标志。思想政治教育学科正在努力形成一种学科发展的评价机制和标准。

一、思想政治教育学科发展水平的表征与评价的标准

思想政治教育学科在过去30多年内取得了巨大的成就，目前处于快速成长发育的黄金时期，其发展水平与状态正在多个层面展开，如思想政治教育学科的发展理念与取向、学科发展战略、学科发展规模、学科发展水平和学科的社会贡献度等。未来这些方面还将继续深化发展，思想政治教育学科发展标准需要依据这些方面来制定。

（一）学科发展理念与取向

理念是共识性的看法，是实践性思维活动的结果。理念是具有概括性和抽象性的价值表述，理念还是法则和科学规律的揭示。发展理念是现代科学精神的体现。学科发展理念是学科建设的前提性命题，它主要包括对于普遍性学科发展理念的认知与采纳，基于学科独特性的专属性学科发展理念的创新等。思想政治教育学科发展理念是基于思想政治教育学科发展的历史事实和未来理想对思想政治教育学科发展形成的抽象认识。思想政治教育学科正在以下理念中呈现出学科发展的追求和水平，并深化这些理念。

内涵式发展理念。内涵式发展是思想政治教育科学发展现有的基本科学理念，也是未来不断提高学科水平必须重视的学科发展基本理念。对思想政治教育科学性的质疑本身也是对思想政治教育内涵式发展不足的反映。因此思想政治教育科学发展的理念还要进一步具体化。

服务社会理念。思想政治教育是一门服务于治国理政和人民需要的学科，这一社会功能设计赋予了思想政治教育极高的社会服务使命，随着时代情境的变化，社会对于思想政

治教育提出了越来越多的要求，思想政治教育正在不断拓展其服务社会的内涵，并在此指引下规划了学科发展。

学科自主性发展理念。思想政治教育已经借助社会情境、知识快速积累、知识体系分化等力量实现了学科地位的确立。在未来的学科发展中基于学科发展规律、知识生产规律等科学规律建构起自主、自觉的发展意识是思想政治教育学科走向成熟的重要路径。

开放创新的理念。思想政治教育的开放包括多个层面的要求。开放，首先包括知识领域向人类知识体系的输出和输入及巩固学科地位，其次包括学科向国际开放。思想政治教育要建立起国际学术交流对话的平台，建构起基于国家文化交往、政治交往和教育交流的对话机制。每一个学科领域在特定的学科阶段和社会情境下都具有不同的学科创新路径，思想政治教育在今天政治改革不断深化的过程中正在加速创新。

对思想政治教育学科进行评价时，在理念层面要根据一个学科单位的实际学科建设的行动、规划、学科发展历史等，对其学科发展的理念进行评判、赋分。

（二）学科发展战略

思想政治教育的学科发展战略有三个层次：国家战略、学校战略和学科自身的战略。国家战略包括国家对于思想政治教育学科的重视、对于思想政治教育在国家哲学社会科学中学科位置的设计等。学校战略主要表现为学校在学科建设中以学科政策倾斜、资金倾斜等形式的重点资助。学科自身的战略是思想政治教育学科进行的基于使命的全面筹划和决策。

目前思想政治教育学科战略意识和实践在学科评价中的认可度还偏低，这从侧面也证明了思想政治教育自身的战略意识还不够。在新一轮的发展中，思想政治教育学科要不断建构起清晰的学科发展战略意识。比如思想政治教育要有清晰的学科发展目标，有完善、有活力的学科发展宏观战略机制等。

思想政治教育学科的发展战略主要应包括学科层次目标、学科队伍战略规划、学科发展思路设想等。在实际的思想政治教育学科评价中，要对一个学科单位的战略意识、战略水平进行客观评价。数据获得的依据是一个思想政治教育学科单位的学科建设规划文本、学科规划蓝图等，必要时还可以专门在评估数据搜集时要求学科单位进行学科战略陈述。

（三）学科发展规模

思想政治教育的学科发展规模已经相当可观，目前思想政治教育学科在本科专业开设数量、硕博士点数量、教师队伍和成果产出等方面都具有与其他人文社会学科可比较的规模基础。总体上看，思想政治教育已完成了规模扩展这一历史任务，现正在向内涵建设阶段加速转变，思想政治教育学科规模已经具备了支撑学科跨越式发展的基本能力。"近300年来，整个科学规模增加了160万倍"，现代社会知识的快速增长带来了学科结构的不断变化和学科概念本身的变化，学科更新速度非常快，学科结构和内容也发生了快速的变化。对于学科规模识别要素的选择以及学科规模价值的判断也要与时俱进。规模是普遍性学术评价标准，区别在于规模认定方式和权重大小的不同。学科规模是保持学科生态的重要条件之一，因此规模快速变化是建构和改变思想政治教育学科生态的重要契机。

由于规模容易量化等原因，在实际的思想政治教育学科评价中，学科规模是最受关注的评价监测点，但是在实际评价中要把握规模的内涵和外延。在思想政治教育学科评价中学科发展规模主要应包括教师数量、本硕博学生数量、学科实验室等设备数量、研究生培养基地数量等。不同层次的规模其赋分的比重应有所不同。

（四）学科发展水平

目前思想政治教育学科发展水平意识和自觉程度不断提高，但是意识结构不完整，比如虽然对学科水平的危机和批判意识强，但是学科自信和学科自觉意识等不够。学科自信自觉作为学术命题关注度高，但是在现实层面还达不到这一要求。思想政治教育学科社会影响较大，但是社会认可度还有待提高。学科在人文社会科学领域中的独创性研究不够多。整体上思想政治教育学科的学科建设能力不够，这对于思想政治教育发展水平提升是不利的。

学科内涵清晰基础上的学科发展内涵清晰化是思想政治教育学科发展状态与水平研究的前提。邹巅认为学科发展的一级指标包括学科发展条件、发展潜力、发展能力和发展效率四个方面。这四个方面是体现思想政治教育学科发展水平与状态的核心要素。创新水平应成为思想政治教育学科发展水平的基本标志，思想政治教育的创新水平包括理论创新和实践创新。理论创新包括重大原创新理论创新和对相关学科基础理论的创造性转化等，实践创新包括指导实践创新的能力、对实践创新的敏感性等。

学科发展水平的评价可以从以下几个方面进行数据监测，学科创新度、学科点的层次、是否具有博士后流动站、是否具有全国影响的学术带头人、所发表的学术成果的层次、课题的层次和质量、纵向科研经费数量等。

（五）学科的社会贡献度

学科评价标准的核心之一是学科贡献。思想政治教育作为应用型很强的社会科学对其进行评价所应依据的基本价值标准就是社会贡献或者说社会价值。

思想政治教育学科的社会贡献度是维持学科合法性的重要方面，高水平的学术创新成果和高质量的人才是思想政治教育学科社会贡献的最核心方面。思想政治教育学科的社会贡献包括为大学生的思想品德教育、党的宣传工作等提供支持，为社会主义文化传播、社区建设、社会治理等提供智力支持等。这些社会贡献体现在学科的政治效益、文化效益等方面。在理论层面，思想政治教育学科的价值已经有了大量论证，其政治价值、社会价值、文化价值等在学理上已基本达成共识。知识传播与社会应用价值生成是学科地位巩固的基础，思想政治教育以学科形态发生的知识创造是现代思想政治教育学科可持续发展的基础，因此思想政治教育知识创造能力和知识的社会价值转化也是评价思想政治教育社会贡献度的重要方面。

社会需求是学科发展的重要推动力，学科的社会贡献又是激发社会需求的力量。引领经济社会发展应成为高水平学科的自觉社会使命。思想政治教育要为经济社会发展提供理论支持，尤其是要能够引领社会在社会教化、社会管理等方面的发展趋势。新科技、新思维、新观念和新的时代背景是学科创新、转型和社会贡献度提高的根本推动力。社会不断对学科发展进行反馈，一方面影响到学科的发展，另一方面又为学科的社会贡献度的提高不断提供引导。在这一境遇中思想政治教育的学科迁移、学科认同、学科跨度、学科传播和学科预测都是本学科重要的学科现象。学科的社会适应性是评价学科未来社会贡献度的重要标尺。

建立多元化的评价标准是目前思想政治教育学科评价的重要前提，对思想政治教育社会贡献度的评价也要如此。对思想政治教育学科的社会贡献的认定需要不断拓展。这种社会贡献认定应包括专业人才供给、知识创造、综合社会效益等方面，尤其要重视通过案例呈现、事实描述和数字统计等来采集评价数据。

二、现行评价的局限、问题

对高等教育各种评价的质疑批判从高等教育评价产生一开始就存在，思想政治教育和其他学科的学科评价就是在这种背景下开始的。就思想政治教育学科来说，其评价综合与分类数据对于精确反映思想政治教育学科的状况并没有得到广泛肯定。

（一）评价方法的科学性有待提高

学科评价目前此三种方法占主导，即定量评价、定性评价、定量与定性相结合。定量方法中的文献计量方式较为单一。学科评价的数据采集比较偏颇、数据采集技术不够先进、学科评价的服务对象意识不清晰是目前思想政治教育学科评价中的重要问题。对于投入产出等物质性因素的考量与赋权目前还过重，而对于人的因素、历史积累性因素和前景性因素的赋权较轻。在评价标准上对于科研产出数量等规模性要素过分强调，直接量化的因素过多，而通过质化途径间接量化的还偏少，对于非数量化因素的评价目前总体上还比较欠缺。同时，对学科评价的技术研究缺失，"有关思想政治教育的评估研究，目前还停留在观念领域，没有进入实践领域，即没有指导思想政治教育实际评估的操作"。

（二）评价标准不精细

学科评价的对象应该是学科整体，它要求首先有清晰的学科概念，弄清楚学科的内涵和要素。但是目前学科评价主体对于学科内涵的理解也不够清楚。思想政治教育学科评价中学科规模在学科评价中所占权重过大，对于"规模"性特征的肯定度过高，比如学生数量、科研产出数量等，对于学科规模的认定主要是看教师、学生数量，实验室和设备等的数量。

思想政治教育学科的学术性标准与社会价值性标准这两大最核心的学科评价标准目前不够清晰，这对于思想政治教育学科评价发展的影响很大。学科是一个知识体系，这是学科概念形成过程中的一个经典学科概念，评价的核心价值之一是学科的知识管理价值。今天对思想政治教育学科的评价主要是分"组织"进行的，即对不同大学的思想政治教育学科进行评价，而对思想政治教育共同体为之奋斗并依托于此的思想政治教育学科的以知识形态为核心的评价却很缺乏。它导致学科评价中对队伍等组织形态的评价较为自觉，而对于知识形态的相对独立的评价却较为薄弱。对于思想政治教育知识基础、知识来源等基础理论性的建构没有完成。目前在思想政治教育学科评价中一些较为主流的评价价值标准还没有被引入，比如学科的国际化等。

（三）评价结果的呈现形式单一

思想政治教育学科评价目前还缺乏适合于本学科实际与特点的认识方法。思想政治教育的知识形态和学科组织形态具有自身的特性，而目前针对思想政治教育的学科评价对于其学科自身特性的关注度和自觉意识还很低。20世纪90年代以来流行的学科数据计量方法的采用使学科评价结果的呈现形式也日益单一。侧重排名是我国大学评价和学科评价的普遍特征，思想政治教育学科评价也存在这一问题。排行榜目前是学科评价成果的核心展示形式，这种展示形式比较单一。另外，学科整体发展的评估较多，更为精细化的评估目前还比较少，比如对于教学的评价、科研的评价、学科发展趋势的评价、学科可利用资源的评价和学科发展目标的评价等。

（四）思想政治教育学科评价的预测功能还比较欠缺

学科评价是规划思想政治教育学科发展的重要行动。学科评价是一个认识学科的过程，不科学的评价会使学科认识失真。学科发展前景预测包括对学科发展方向与趋势的预测等。目前，思想政治教育学科发展评价的外部支持机制还不健全，思想政治教育学科发展的动力机制还不完善，学科评价的服务对象意识目前还比较模糊，思想政治教育学科评价结果对于思想政治教育学科发展方面与重点等指导性不够。

评价目的意识还比较模糊和偏颇。对于学科评价指标体系的设定已经形成巨大的惯性，宏观评价关注点也比较偏颇。评价成果使用中成绩总结占主导，问题诊断等对思想政治教育学科发展具有明显导向作用的评价机制还没有形成。思想政治教育学科评价结果主要被用于专业（学科）排名，而用于诊断学科发展态势、把握指导学科研究优先领域等用途的关注不够。思想政治教育除了发展性评价理念，还需要有一定的淘汰性评价理念。思想政治教育学科评价中对于学科特征意识、学科独特发展规律的意识不足。目前，思想政治教育学科在相关学科与整体学科中的影响力与竞争力等学科评价可能实现的学科评价功能没有体现出来，即对评价所能折射的学科外部关系关注不够。

（五）评估主体单一

目前对思想政治教育学科发展水平的认证依据过于依赖行政性认可。服务于学科的行政管理是目前学科评价的一个重要出发点，行政力量仍是学科评价的主要发起者。这是目前思想政治教育学科评价中的突出问题之一。这导致思想政治教育学科利益主体意识尚未建立，学科评价的主体和服务对象模糊。学科评价对于行政力量的依附性使得评估数据的采集对于行政因素的赋权过重，比如国家重点学科、课题的级别等对学科的影响很大。

行政部门基于学科评价形成的全国思想政治教育学科的综合性结论首先是行政部门的

管理调控需要。目前我国的学科评价状态反映了政府在学科上的职能状态。管理部门的评价应该有明确的界限意识，比如评价是为了进行行政决策、评价行政效果等，为行政性的学位授权、重点学科的学科审批等服务。归根结底，管理者做出的评价主要应该是为管理工作服务的，不应兼顾过多。而社会评价应采用与管理部门差异化的指标进行满足公众需要的学科评价。评价主体多元化是未来学科评估的基本趋势，思想政治教育学科也是如此，大量学科正在不断获得国际化的认证等形式的评价，思想政治教育学科也要在国际化的过程中思考这一问题。

三、对现行评价的局限和问题的校正

学科为单元的评估是高等教育治理机制的体现。思想政治教育学科评价制度是学科制度建设的重要方面。"双一流"等工程中的学科选拔、本科教学评估、重点学科筛选等都是学科评价的重要实践，这些实践推动着对思想政治教育学科发展评价的认识。目前，学科评价的基本框架已经形成，但是对评价模式的新探索比较欠缺。国内评价者和被评价者对于学科评价的原则和机制认识目前都亟待深化。

（一）构建科学的学科发展评价的基本原则

学科评价原则应参照大学评价基本原则。它既要有总的评价原则，还要在不同方面设立分原则。

第一，科学性原则。科学性原则具体又包括指标体系的动态性原则、质化与量化相结合原则、历史积累与学术前景相结合原则、社会评价与专家评价相结合原则等。学科的内涵、目的、内容、评价对象、知识属性、研究范式、学术成果形式等具有很大差异，在对学科进行评价时要时刻注意不同学科内涵的量化可能问题。如何抓住反映思想政治教育学科本质的基本要素是思想政治教育学科评价的重要前提工作。思想政治教育学科积累、现状与发展潜质要作为学科评价的基本依据。思想政治教育学科的学科数据生成是评价的基础，但是数据收集需要学科评价技术与理念的不断变化。

第二，主体性原则。即评价要有清晰的主体意识。不同的评价主体应不断探索与自身目的取向的思想政治教育学科评价指标体系、方法和方案设计的适切性。网络、通信、数据库等学科评价的外部条件对学科评价的影响越来越大，但是学科评价仍首先必须建立在具体需求的基础上。评价主体多元化是未来包括思想政治教育学科评价在内的学科评价以及大学评价的重要趋势。

第三，方向性原则。学科评价要为学科发展方向提供决策依据。学科发展战略意识是学科发展的重要自觉意识，战略制定也应该是学科方向凝练与团队组建等的基础。学科评价是思想政治教育学学科实现战略规划与发展、生成战略意识的实践基础。学科评价应该是服务于学科发展战略的，思想政治教育学科评价的导向性目前仍不够清晰，这一评价导向要不断深化、发展。

第四，可行性原则。思想政治教育学科评价必须在具体操作中是可行的。学科是人类文明史上独特的事物，它有许多特性，这些特性使我们难以对学科进行完全客观的精确评定和反映。可行性原则是评价中的主导原则，但是不能因可行性原则惰性过多而把学科的大量元素简化、量化。

第五，激励性原则。思想政治教育学科评价的重要价值诉求是对思想政治教育学科发展的激励。学科动力机制的评价是思想政治教育学科评价的重要方面。目前思想政治教育学科发展的内生性动力比较缺乏，思想政治教育学科评价对于内生性动力生成的刺激作用还比较弱。思想政治教育学科评价是了解思想政治教育学科内涵、本质与质量的基本手段。评估结果反映学科内涵和引导学科内涵建设应是思想政治教育学科评价的重要诉求。

第六，过程性原则。即对学科的评价不仅要重视其学科发展的结果还要重视其过程，学科发展过程的评价要作为学科评价的重要组成部分。目前，学科评价是面向未来的诊断规划还是基于过去的绩效评估这一意识在思想政治教育学科评价中并不清楚。对学科过程的评价要考虑学科发展的长远性，并对学科的发展能力做出判断。

（二）优化学科发展评价的运行机制

学科发展评价是现代社会学科领域的重要实践和命题。思想政治教育学科要推动加快形成并不断优化学科评价的规范模式。

第一，学科评价指标要考虑思想政治教育的学科内涵。学科发展有其独特的规律，思想政治教育学科发展评价要能揭示思想政治教育学科发展的规律。思想政治教育的学科形态、学科特征、学科周期、学科战略、学科动力、学科组织、学科管理等学科的核心内涵都要纳入学科评价中考虑。思想政治教育的学科定义要不断清晰化。

学科评价是认识和介绍学科的一种方式。一个学科发展的成熟度和阶段不同，在学科评估的时候对于学科的评价指标以及权重的设计也应不同。如何反映思想政治教育学科发展的全部事实并基于这种事实做出判断和决策是思想政治教育学科发展评价设计的基本诉求。思想政治教育学科评价目前主要参照的是学位与研究生教育发展中心的学科评价、部分学校课题组以课题研究形式推出的非连续性的学科排行榜以及广东管理科学研究院推出的学科排行榜等。学科内涵不仅体现在量化的教学科研成果上，还体现在学科的社会贡献度和学科使命意识等方面。学科除了其有形的一面之外还有无形性。未来在保持思想政治教育学科规模优势的同时，在内涵式发展阶段也要突破学科评价中对于规模的过度依赖。

因此，评价指标要素要不断地科学化。学科评价是建立学科自觉意识的重要实践，评价意见成为现代高等教育发展和学科发展中的重要现象。邱柏生教授提出的建立思想政治教育学科评估指标体系是思想政治教育学科建设的重要命题，思想政治教育学科在这方面还在摸索之中。思想政治教育学科评价是总结学科发展规律的数据基础和重要方式，对思想政治教育进行客观、科学的评价是思想政治教育发展的重要要求，还是建构思想政治教育学科影响力的重要方式。要素赋值问题是指标设计中的核心问题。

第二，思想政治教育学科评价标准要多元化。对学科现状形成过程的评价是思想政治教育学科评价的重要方面。思想政治教育学科发展评价要遵循思想政治教育学科的生长规律，以评价推动思想政治教育学科的建设。思想政治教育学科目前的人才培养事实上具有不同的取向。比如培养各级学校中的思想政治理论课教师、培养社会各领域的思想政治教育者等，就前者来说，又有两个取向，一个是为中小学培养德育师资，另外一个是为高等院校培养思想政治理论课师资，而这两种培养目标差异很大，进而不同的院校在对这一学科建设的过程中就有一个侧重点的问题，比如前者要重视本科专业建设，后者要更多地重视研究生教育和科学研究等。这些差异在对思想政治教育学科评价中人才培养分指标的设计中要兼顾。

第三，学科环境评价也是学科评价的重要方面。这种环境还包括不同院校中学科的微观政策支持环境和学科发展条件稳定性等。思想政治教育作为新兴的学科，在学术层面的学术地位正在巩固中，良好的学科环境是学科跨越式发展的基础。学科环境评价是传统的侧重于成果和资源的学科评价的重要补充。思想政治教育的学科发展评价要与二级学科评价相结合。在学科评价中学科群评价已经成为一种新的学科评价方式，思想政治教育要逐渐建构起学科群意识，并且在学科建设、学科研究等过程中以学科群意识谋划学科发展。一级学科评估是反映思想政治教育学科状态的重要学科评价行为，学科间的带动与辐射是学科发展过程中重要的良性效应，因此学科评价要解决评价的学科单元的大小问题，而单元大小划分不合理会影响到学科评估的科学性，思想政治教育学科评价必须与马克思主义理论一级学科评价和马克思主义基本原理等二级学科评价结合起来。

第四，思想政治教育学科发展评价要处理好学科评价与考核的关系。指向考核的评价与指向发展的评价有差异性。评价的一个重要诉求是学科资源的配置和学科资源的效益问题。它应着重考虑学科的数量成绩和质量成绩、学科的近期发展和长远发展以及学科的速度与效益的关系。围绕思想政治教育学科评价的绩效考评是高等院校考核的重要方面，在这一过程中要关注绩效的主体是谁、对于主体的理解是否合适。它包括做好学科发展统计工作、确定学科监测点和信息统计口径等。不同层次的评价和不同层次的考核也有重要差异。

第五，推动思想政治教育学科评价机制国际化。三十多年来，我国思想政治教育学科发展水平有了很大提升，但是学科发展水平的理想和参照系目前仍然空缺。由于在学术研究和思考中习惯性地把思想政治教育作为中国的特有学科，加上西方的思想政治教育研究范式、学科化状态与我国差异较大，所以目前思想政治教育与我国多数人文社会科学以及自然科学相比，学科发展理想不清晰，参照系还没有建立起来。

第二节 高校思想政治课程教学激励约束机制

激励就是在高校思想政治教育中使大学生产生和增强为实现教育教学目标工作动力的管理活动的总称；约束就是在高校思想政治教育中为防止大学生偏离教育教学目标、损害大学生利益和迫使高校思想政治教育管理者努力工作的管理活动的总称。因此，教育者应在高校思想政治教育实践的基础上，积极探索科学合理的激励与约束机制，并且逐步推进约束与激励机制向规范化、个性化方向发展。

一、建立健全高校思想政治教育工作者激励与约束机制

通常情况下，高校思想政治教育激励与约束机制的制定要以以往的定量与定性评估结果为前提而构建，考核机构根据评估考核标准、考核范围、考核形式等来运行具体的考核程序。激励与约束机制应坚持以正面激励为主、激励与约束相结合的原则，努力做到奖惩得当、赏罚分明。

（一）为建立、运行与完善高校思想政治教育激励与约束机制创造条件

以人为本，以思想政治教育工作者的现实需要作为激励与约束机制的重要出发点。思想政治教育者的真实需要是激励与约束机制成效的关键点，因此高校思想政治教育工作决策者首先应该通过各种方式和手段进行调查、了解，把握教职工不同层次的多种真实需要。除了物质利益的需要外，应从长远性考察，激励与约束应更多地考虑高校思想政治教育工作者的成就感，特别是为他们成长的精神需求提供更多条件。

建立及时、全面和准确的高校思想政治教育激励与约束的良性信息沟通机制。一方面是把激励与约束机制的设计思路、理念、具体的操作程序、规范制度等进行全面及时的公布和宣传，在此前提下还要考察高校思想政治教育工作者对激励与约束机制的认同度，并对收集到的信息进行反馈；另一方面是学习、培训、指导并实践激励与约束机制的具体运行方式、方法，并考察教职员工的工作态度、技能、知识能否适应机制正常运行要求等。

坚持合理性原则，使激励和约束机制的制定和实施更加符合实际需要。合理性就是激励约束的措施要适度，奖惩要公平。只有做到奖惩分明、公平合理才能使激励与约束机制真正起到积极导向作用。教育者既要学会是否奖惩、如何奖惩，又要学会安排好奖惩的时机、场合、形式、程度等细节工作。通过奖惩使高校思想政治教育工作人员和大学生都能知道该做什么、不该做什么，因此要充分发挥奖惩的积极作用，从而不断增强激励与约束机制的说服力、影响力和号召力。

（二）以"全员育人"为理念制定和推行激励与约束机制

激励与约束机制的总体设计，要面向全体思想政治教育工作队伍以及"全员育人"的

环境进行。要以全校的总体改革和发展为出发点，建立与之相匹配的机制。健全思想政治教育约束机制，既可以有政策约束如设岗要求、评聘要求、引进标准、职责约束（如岗位意识、聘任合同、岗位要求等），还可以用舆论约束（如考核公示等）等手段。完善绩效考核分配机制能够规范高校思想政治教育工作体系，引导和推进高校思想政治教育工作者履行职责和学生工作的协调发展。

（三）在思想政治教育系统内部全面实施激励与约束机制

思想政治教育系统内部包括课堂教学考核、学生事务管理、学生服务工作、干部日常管理以及工作效果等诸方面，学校高校思想政治教育委员会要敦促各部门和机构建立健全内部激励与约束机制。要规范高校思想政治教育工作部门的管理，促进高校思想政治教育工作者履行职责，促进高校思想政治教育工作部门教育、管理和服务水平的提升。完善的系统内部激励与约束机制是巩固高校思想政治教育工作的基础，并能提升工作效果，是调动高校思想政治教育工作各部门以及高校思想政治教育工作者创新活力的重要举措。学院在制定和完善内部思想政治教育制度中要充分发挥奖惩机制的引导和约束作用，并且使奖惩制度与思想政治教育管理的结合更加符合院系实际。专兼职高校思想政治教育工作者和学生党员及学生骨干队伍的日常管理应该与考核激励奖惩结合起来，特别是要关心那些专兼职学生干部的健康成长，充分发挥激励与约束机制在学校思想政治教育工作人才培养中的重要作用。

二、不断完善以大学生为主要对象的激励与约束机制

（一）建立健全自上而下的多种激励机制

目前从总体上看，高校思想政治教育激励机制常见的形式主要有通报表扬、发证书、资金奖励、宣讲宣传、给予荣誉称号等形式。这些激励形式还比较传统。对高校思想政治教育的激励应予以细化，要能考虑开发师生、生生相互之间的帮助激励，也要考虑在日常生活等方面给予激励。因此，高校思想政治教育激励体制必须在方式、途径上更加贴近学生的需要。

首先，把社会发展需要同高校思想政治教育工作需要结合起来，树立正确的激励方向和目标。高校思想政治教育的主要任务就是要解决一定时期大学生的实际思想行为与社会发展需求之间的矛盾，因此，应把学生身心健康发展与社会发展统筹于高校思想政治教育过程的激励方向和目标之中。个人的全面发展与社会整体目标的实现是不矛盾的，只有把二者有效地统一整合起来，才能为激励机制的高效运行创造有利环境和条件。激励机制的关键点就是要尽可能地在调动个人的积极性和自觉性的同时又能把个体的全面自由发展与社会整体目标结合起来。在现代化建设中，坚持个人的思想道德发展需要同社会发展需要在目标方向上保持一致。在高校思想政治教育激励机制目标设定中，要把服务、管理、教育职能同社会需要、高校发展统一起来，把人格的塑造和社会进步结合起来。目标设定必

须脚踏实地,从现实需要出发,既要考虑学生、学校、社会的利益,也要考虑短期发展、长期发展的关系。确立激励方向并配合具有时代精神的激励方法、手段,在激励机制运行过程中就一定能达成共识,取得教育者和被教育者的广泛认可和好评。

其次,不断增强激励手段、激励强度以建构和完善合理的高校思想政治教育激励机制,从而全面地激发教育者和被教育者的积极性、主动性和创造性。激励运行机制若要取得良好的预期效果,就必须灵活地采用与激励对象、激励目标等相匹配的激励手段。应根据人的需要的不同特点和思想政治教育的目标来选择合适的激励手段。马斯洛的需求层次理论认为,人的需要分为生理的需要、安全的需要、社交的需要、尊重的需要和自我实现的需要这五个从低到高的层次。因此从人的物质需要和精神需要这两大主要需求类型出发,我们可以采用相应的物质激励和精神激励这两种重要的激励手段。实践经验表明,物质性激励效果对多数人来讲具有直接快速性特点,因此对于短期目标来讲物质性激励机制必不可少。虽然人的物质性需求更直接、更基础并能够调动大部分人的能动性,但人的精神需求在激励机制中的作用也不可小觑,因为精神性激励与人的思想观念、价值信仰有着密切联系,并且对人的影响会更加持久、稳定。因此要实行精神鼓励为主、物质鼓励为辅的方针。这就是要强调精神激励和物质激励应结合使用,不应忽视任何一方。合理的激励手段和标准,不但要考虑质量和数量,还要适当把握激励强度。过度激励或激励不足也难以起到激励作用,有时甚至会起到相反作用,容易挫伤教育者或被教育者的积极性。因此,若想提高高校思想政治教育的实效性,就必须构建合理的高校思想政治教育激励机制,通过多种手段合理有效地激发教育者和被教育者的积极性和创造性。

再次,通过协调好主客体关系来达到激励效果,变外部压力、动力为个体思想和行为。激励机制重点要处理好激励主体和激励客体在激励过程中的关系,使激励不断有效地内化并最终达到预期的外化活动。因为,激励是否取得理想效果不仅与激励主体本身的激励手段、主观意愿相关,还必须使激励过程得到客体的配合才能取得效果。激励机制的效果也与被激励者对激励标准、方法、强度的认知有很大关系。如果人们认同激励标准、方式、强度等,那么就会从内心深处自觉接受激励机制的感召,并向激励目标所内含的价值观念、行为方式等趋近。这就把外在目标和外部标准逐步转化为自己的内部标准或者对自己已有标准进行再修正和再调整。这种激励转化达到了社会目标与个体目标的一致性,也减少了机制运行的各种阻力,从而使激励机制达到预期效果。

(二)实现自律与他律有效互补的约束机制

完善高校思想政治教育约束机制,主要从外部约束和自我约束两个方面进行完善。外部约束又分为倡导性约束和强制性约束:倡导性约束强调应该做什么和应该怎么做,带有引导和期许性特点;强制性约束不断强调必须做什么、必须怎么做,也强调不该做什么和不该怎么做。在进行高校思想政治教育工作的初始阶段,比较注重强制性内容的约束作为基本的纪律规范,从而使大学生能够在行为、品德方面有清晰的认识。好与不好、该做不该做以及如何去做才合理等这类外部性的约束应该做到规范清晰才能内化为学生的思想行为指南。高校思想政治教育工作委员会应制定完善的大学生道德行为准则，从而为大学生的道德行为规范提供依据，还要建立和健全大学生思想行为监督与管理机制，采取多种手段和方法对大学生在思想和行为中出现的偏差进行有效约束。在学校党委指导下，各职能部门应该与各院系学生主管部门就督促和推进思想政治教育工作对学生的行为和思想道德进行多种形式的检查，对出现的问题要及时矫正，并采取教育、批评、处罚等多项整改措施。总之，高校应通过制度规范和执行监督等方式逐步建立并完善外部约束机制，使高校思想政治教育真正实现"他律"到"自律"的转换。

大学生的自我约束主要是在外部约束的基础上形成的，外部约束的规范和现实性通过反馈和实践使学生逐渐形成了道德感和责任意识。也促使学生不断对自己的行为和思想进行反省，在不断对自我行为和思想的调整中，自我约束和自我监督的高校思想政治教育内部约束机制也就形成了。目前，大学生基本上都属于独生子女，尽管也有部分非独生子女，但经验证明，有"自我中心"问题的多为独生子女。他们来到这个世界后，就享受着得天独厚的家庭关照。外部约束能否有效地转化或生成内部约束需要在日常高校思想政治教育工作方面下功夫。大学生日常管理、教学或服务应该体现出规范性、公平性、民主性等特点，使学生真正感受到制度的公平性和管理教育工作对个体的有益性。要使大学生感受到制度、管理教育等外部约束，对思想政治教育工作的有效开展必不可少，只要每个人都自觉遵守纪律，那么制度的外部强制约束性与学生内部约束的自觉性也就真正实现了统一。提倡"勿以恶小而为之，勿以善小而不为"，培养大学生从自身做起、从小事做起的行为习惯，通过建立健全的约束制度来规范校园人的言行举止，形成良好的、文明的校园行为规范和风貌。每一个大学生的良好行为习惯和思想品德都不是一朝一夕形成的，既有自觉性因素又有非自觉性因素，是在各种内、外在约束的共同作用下逐步形成的。相对于中小学生来讲，对高校思想政治教育的约束更是一门艺术，需要教育者在多种场合、不同时机灵活地运用约束机制。不仅要"动之以情"还要"晓之以理"，不仅要批评和惩罚还要鼓励和指导。只有这样才能使学生从认知到行为上都对约束机制有着理性化的认知，这在无形中也减少了约束机制运行中出现的各种阻力。因此，约束机制运行的最高境界就是内外部约束的合理搭配，且能使大学生在诸多约束中潜移默化地实现精神上的升华、道德上的熏陶、行为上的规范。

第三节 高校思想政治课程教学组织保障机制

高校思想政治教育保障机制（以下简称"保障机制"）是高校思想政治教育工作机制（以下简称"工作机制"）之一，它是否建立健全、是否有效运行，直接关系工作机制的建立健全和有效运行，继而影响思想政治教育体制功能的发挥和思想政治教育的正常开展。

从工作角度看，保障就是提供条件，以保证思想政治教育能够正常开展。从目前的情况看，必要的保障主要有思想保障、组织保障、制度保障、经费保障、人员保障等。思想保障是认识高校思想政治教育的重要性和必要性，重视思想政治教育并为之提供工作动力。组织保障，是为了完成和实现思想政治教育的任务和目标，建立组织机构、设立工作部门、提供工作载体。制度保障，是确定工作职责、制定行为规范，形成工作机制，并保证其有序运行。经费保障，是提供经费等工作条件，以保证思想政治教育能够开展。人员保障，是建设数量恰当、结构合理、素质良好的人员队伍，为设定的工作岗位提供必需的人员。以上保障的重要性和必要性已被理论与实践证明，无须赘述，需要分析的是这些保障的现状、存在的问题、如何加强和改进。下面就从宏观和微观两方面进行分析。

一、宏观保障机制及其运行特点分析

宏观保障机制是学校以外各级党委政府及其部门根据职责要求，给高校思想政治教育提供保障所形成的相互联系和相互作用，其运行就是这些相互联系、相互作用持续产生的过程。经过长期的理论研究与实践探索，宏观保障机制已经形成，并且已经正常有效运行，为高校思想政治教育提供宏观保障，其综合情况分析如下。

各级党委政府高度重视高校思想政治教育，为高校思想政治教育提供了重要的宏观思想保障。以2004年以来为例，许多部长、省市领导走进大学、走上大学讲台给大学生做形势与政策报告，这些体现了党中央国务院以及各级党委政府对高校思想政治教育的高度重视，从而为高校思想政治教育提供了有力的思想保障。但是，由于国家地域广阔，经济教育发展不平衡，社会环境、具体情况不同，一些地方、部门和人员对高校思想政治教育的认识程度、重视程度存在差异，这些是需要加强和改进的。

高校思想政治教育的宏观体制已经形成，为高校思想政治教育提供了有力的宏观组织保障。《意见》指出，"要建立健全党委统一领导，党政群齐抓共管、有关部门各负其责、全社会大力支持的领导体制和工作机制"。一个以党中央国务院为顶层，以各部委、地方党委政府为高层，以司、厅、局为中层，以学校为基层，纵向层层领导，横向系统、部门、单位相互配合的高校思想政治教育组织体系正在发挥重要作用。这两方面在精神上和实体功能发挥上共同为高校思想政治教育提供了有力的宏观组织保障。可以说这是新中国成立以来最健全的高校思想政治教育宏观体制。

高校思想政治教育宏观制度体系已经形成，为高校思想政治教育提供了有力的宏观制度保障。宏观制度体系形成的标志有：颁布了有关的教育法律法规，比如《高等教育法》规定高等学校实行党委领导下的校长负责制，党委和校长都负有领导和开展高校思想政治教育的职责；出台了《高校思想政治教育纲领性文件意见》，其在阐明进一步加强和改进高校思想政治教育的重要性、必要性、指导思想、基本原则、主要任务的基础上，指出了思想政治理论课、形势政策教育、哲学社会科学课程以及其他各门课程在高校思想政治教育中的地位和作用；指出了参与社会实践、建设校园文化、占领网络阵地、开展心理健康教育、实施大学生资助、发挥党团组织作用在高校思想政治教育中的积极意义；指出了学校党政干部、共青团干部、政治课和哲学社会科学教师、辅导员、班主任以及广大教职员工对高校思想政治教育的职责；提出了营造高校思想政治教育工作的良好氛围、建立健全高校思想政治教育宏观、微观领导体制和工作机制的要求等。中宣部、教育部等部委下发落实《高校思想政治教育纲领性文件意见》的十几个文件对高校思想政治教育的各个方面做了具体的规定和要求，比如开设政治课和进行形势政策教育的规定，设立社会科学教学部、心理健康咨询中心、大学生资助中心的要求等。各地教育厅局提出贯彻上级精神的具体措施，比如广西《关于实施高等学校思想政治理论课新课程方案有关问题的通知》《关于进一步加强全区高等学校辅导员、班主任队伍建设的意见》等。这些法律法规和党政文件构成了高校思想政治教育宏观制度体系，为高校思想政治教育提供了有力的宏观制度保证。

高校思想政治教育宏观经费保障机制已经建立，经费得到了基本保证。从目前的情况看，高校教育经费主要来源于国家财政拨款和学费收入，思想政治教育经费包括在学校教育经费里，由此思想政治教育经费有了基本保障。

高校思想政治教育的人员保障机制已经建立，人员供给得到了基本保证。和其他教师队伍一样，目前学校已经形成了编制人员、非编制人员、社会兼职人员构成的思想政治教育工作队伍，使思想政治教育人员的需要得到了基本保证。

宏观保障机制及其运行特点综述。思想保障、组织保障、制度保障、经费保障和人员保障是相互联系、相互作用的，前三者要落实到后两者，后两者是前三者的体现。

宏观保障机制运行有明显的特点：纵向，需要从上到下层层提供保障，保障措施需要逐层细化，最后才能落实到学校；横向，需要系统、部门、单位分工协作，形成蛛网保障体系。其中一个节点关联不上，保障就不能落到实处。掌握这些特点，需要我们用联系的观点、发展的观点看待保障，需要明确各层、各系统、各部门的职责，需要统筹兼顾、环节相扣，这样才能保证和促进宏观保障机制正常有效运行，继而保障高校思想政治教育有效开展。

二、微观保障机制及其运行特点分析

微观保障机制是学校向承担思想政治教育工作的部门、人员提供工作保障所形成的相互联系和相互作用，其运行就是这些相互联系、相互作用持续发生的过程。经过长期的理论研究和实践探索，微观保障机制已经形成，并且已经正常有效运行，总体能够为学校思想政治教育提供保障，具体情况分析如下。

学校普遍重视学生思想政治教育，能够为教职工开展思想政治教育工作提供思想保障。因为党中央国务院、各级党委政府、教育主管部门重视高校思想政治教育，因为教育法律法规、党政工作条例赋予学校思想政治教育的职责，因为学校的领导体制和教职工的民主管理决定学校必须重视高校思想政治教育并为之提供思想保证。思想保障需要通过语言文字体现，在这一方面，所有学校都表现得坚定有力。同时，思想保障还需要通过宣传舆论氛围营造、体制机制建设、思想政治教育工作队伍建设、教育资源配置等实质内容体现，在这一方面（排除经济等物质条件差异）各个学校是有差异的，也就是说，在实质思想重视和实质思想保障上各个学校是不同的。我们主张形式与内容的统一，摒弃"说起来重要、做起来不重要，忙起来不要"的虚假思想保障。

学校普遍建立了思想政治教育体制，能够为思想政治教育提供组织保障。根据调查，学校普遍实行了党委领导下的校长负责制，建立了学校党委、组织部、宣传部、院系党总支、教工党支部、学生党支部以及学校团委、院系团总支、班级团支部等党团组织，设立了思想政治教育领导小组、社会科学教学部、学生工作处、心理健康咨询中心、大学生资助中心等行政机构和部门。这些党政组织、机构、部门相互联系、相互作用，共同构成了思想政治教育组织体系，为思想政治教育提供了组织保障。但是，由于受思想建设、组织建设、制度建设、队伍建设、经费提供等不同情况的影响，各个学校思想政治教育体制的功能及其发挥程度是不同的，因而提供的组织保障也是不同的。

学校普遍建立了思想政治教育制度体系，能够为思想政治教育提供制度保障。根据调查，学校普遍建立了包括教育法律法规、党政工作条例和自己制定的制度在内的体系，其中包括思想政治教育的制度和制度体系，它们为思想政治教育提供了制度保障。制度保障关联着有制度可依、违反制度必纠、执行制度必严。从学校政治理论课教学、学生日常思想教育、党团社团活动、学生社会实践活动、学生心理健康教育与咨询、学生资助工作普遍正常开展的情况看，制度执行的情况是良好的。但是，我们在调查与实践中也发现一些制度科学性不强、制度执行趋向软化，如果对这些情况注意不够，不利于调动思想政治教育工作人员的积极性，不利于思想政治教育工作的开展。同时，社会在进步、教育在发展、教学在改革、思想政治教育在变化，所以制度建设要与时俱进，要不断修订完善，以提供更加完善的、有力的制度保障。

学校思想政治教育经费有了基本保障。学校普遍将思想政治教育经费纳入预算，使思想政治教育经费有了基本保证。此外，可以考虑在财政拨款和学校预算中分别设立思想政治教育专项经费，为思想政治教育经费保障提供长效机制。

学校思想政治教育队伍建设有了重要保障。《意见》高度重视思想政治教育工作队伍的建设，提出了原则要求。中宣部、教育部落实《意见》精神，联合下文规定了"本专科思想政治理论课专任教师要总体上按不低于师生 1：350~1：400 的比例配备"，教育部要求辅导员与学生之比为 1：200，这些具体数字为学校配备思想政治教育工作人员提供了量的依据。近十年研究生教育的快速发展，社会"蓄水池"不缺乏思想政治教育人才，学校可以通过资格审查、笔试、面试等一套公开招聘的程序来高标准招聘思想政治教育工作人员，这些都为思想政治教育队伍建设提供了重要保障。

微观保障机制及其运行特点综述。微观保障机制及其运行情况总体良好，能够为学校思想政治教育提供有效保障。

微观保障机制运行有明显的特点：非经济保障提供得比较好，比如思想保障、组织保障、制度保障；经济保障落实得相对困难，比如经费保障、人员保障。机制运行有两个关键点：第一，《意见》以及上级文件精神需要深入人心，每个思想政治教育工作人员要领会贯通，使之成为提供保障的精神依据；第二，学校党政领导对《意见》以及上级文件精神要认真贯彻落实，使提供保障成为实际行动、使精神保障转化为物质保障。这些特点显示：当前微观保障工作的重点难点是做好经费保障和人员保障工作；当前仍然需要加强对《意见》和上级文件精神的学习研究，让思想政治教育工作人员真正掌握它、应用它；当前仍然需要提高学校党政领导的思想觉悟，促使他们加强对《意见》和上级文件精神的贯彻落实；当前仍然需要对高校思想政治教育的督促检查，以促进高校思想政治教育保障工作的落实，继而促进高校思想政治教育工作的深入开展。

三、保障机制建立健全及其有效运行的意义

宏观保障机制和微观保障机制是保障机制的两个方面，它们相互联系、相互作用、相互依存。宏观保障是微观保障的前提、基础和依据，没有党中央国务院、各部委、地方党委政府提供的保障，就不会有学校的保障；微观保障是宏观保障的延伸和落实，没有微观保障，宏观保障就失去了落脚点和意义。所以宏观保障机制和微观保障机制的建立健全及其正常有效运行同样重要。

保障机制与控制机制、动力机制共同构成工作机制。保障机制接受控制机制的约束、纠偏，为动力机制运行提供条件，直接为学校及其部门、人员开展思想政治教育工作服务，促进工作机制有效运行。保障机制的建立健全及其有效运行具有重要的意义。

第四章　国内外高校思想政治课程教学模式比较

　　文化的选择和发展是以一定的比较为前提的，只有进行文化上的比较才能为文化上的选择和发展提供客观的依据。同样，思想政治教育这门学科也只有在比较中才能深刻认识自己，我们只有对世界各国思想政治教育进行比较，了解各国思想政治教育的现状、特点、问题以及发展的趋势，借鉴国外的经验教训，并从中探索总结出思想政治教育发展的一般规律和特殊规律，才能加深对我国思想政治教育的认识，从而促进我国思想政治教育的改革和发展。

　　在我国，思想政治教育是以马克思主义为思想基础的，研究人们社会主义、共产主义思想意识形成发展规律和实现思想政治教育规律的学科，是一门党性、实践性很强的学科。有些国家在国家意识形态、民族传统、职业道德、创新精神等方面的教育，内容丰富、形式多样，就有许多经验值得我们学习、借鉴。并且，西方思想政治教育的许多假设与理论都是在市场经济的环境中逐步形成的，这对我们在市场经济和信息化条件下创新思想政治教育具有重要的借鉴意义。当代西方思想政治教育一个很重要的特点，就是围绕着培养什么样的人，即围绕如何培养适应资本主义社会发展需要的人为目标，采取一些合乎当代要求的教育内容和先进、科学的方式、方法，如渗透式教育、实践式教育和社会服务式教育等，注意把"显著教育"同"隐蔽教育"结合起来，要求学生积极参与，充分发挥学生学习的主动性，注重实践和实用，把培养目标与社会、经济、政治发展相联系。当然，在向外国学习和借鉴的问题上，我们一定要坚持"两点论"，去其糟粕、取其精华，把握好学习与抵制的关系，使之为我所用。在这里要反对两种倾向：一是闭关自守，二是盲目崇洋。"闭关自守"是我国过去很长一段时间都有的错误倾向，表现在思想政治教育上，就是固守教条、盲目排外，其使得几代人的思想都趋于保守、僵化，整个民族渐渐失去了活力和创新精神。至于盲目崇洋，在经济全球化和市场经济条件下，这个问题在高校显得日益严重。在对待西方思想政治教育经验上，如何实行"拿来主义"，也是摆在我们面前的课题。

　　下面，我们试就美国、日本、新加坡几个具有代表性的东西方国家的思想政治教育模式进行比较分析，希望从中找出一些规律性的东西和政策方面的经验，以促进我国高校思想政治教育的改革。

第一节　美国高校思想政治课程教学模式

美国作为当今世界上极具代表性的资本主义国家，对国内高校的思想政治教育始终给予高度重视。美国高校不大使用"思想政治"的概念，但在公民教育、道德教育、价值观教育、宗教教育等名目下，却从事了大量实质性的思想政治工作，在整个大学教育中有着明显的思想政治教育倾向。

一、美国思想政治教育的目标

美国把培养学生成为具有爱国精神，能对国家尽到责任和义务的"责任公民"作为思想政治教育的目标，强调学生必须具备美国"国民精神"，要时时处处为美利坚的强大而自豪和尽责，并把不断涌入的移民"美国化"。1987 年，里根总统在国情咨文中强调，学校要培养以爱国、修养、诺言、恢复伦理道德、纪律为主要内容的"国民精神"。围绕这一总目标，各高校纷纷制定了各自的具体思想政治目标。

二、美国思想政治教育的基本内容

（一）政治教育

美国高校的政治教育通常是在公民教育和政治社会化的名目下进行的，旨在通过对大学生的政治信息、政治价值的灌输以及政治行为的指导，使他们成为适应资产阶级政治需要的"好公民"。

（二）道德观、价值观教育

当前在美国基本上得到公认的道德教育，是造就"道德成熟的人"，即不仅重视道德原则，而且认真履行道德义务，做到知行合一。要求美国高校学生在道德上做到：尊重人的尊严；关心他人的幸福；将个人兴趣与社会职责联系起来，为人正直，认真考虑道德选择，探索和平解决冲突的办法。

"道德教育"在美国有两种理解。狭义的理解指伦理道德教育，而广义的理解则是指关于人的"生存方式"的教育，包括伦理、宗教、政治、思想、劳动、纪律、民主人权、时事政治、和平、国际理解和协调等各方面的教育。现在美国社会上越来越倾向于道德教育的广义性。不难看出，这种广义的道德教育与我们所说的思想政治教育类似。

美国大学的价值观教育，几乎涉及学校课程的所有领域，其价值观的核心就是资产阶级的个人主义，维护私有制。所以，美国高校的思想政治教育浸透着个人主义的东西。

（三）健康人格教育

加利福尼亚大学教授怀特利在其《大学生人格发展》一书中指出："大量的研究认为，心理和人格的发展，在很大程度上影响着大学生在未来生活中怎样运用及是否能有效地运用已获得的知识。"因此，美国高校把大学生的人格教育、人格发展引入高校教育范畴。他们认为，大学阶段是学校教育影响下一代社会公民的最后机会，大学教育的任务就是要使大学生的健康人格得到发展。

（四）宗教教育

由于美国是一个多民族国家，各民族的宗教信仰比较复杂，教派之争十分激烈，因此在公立学校内禁止开设宗教课和进行祈祷。但是大量的宗教内容已渗透到其他学科中，如美国高校的人文学科和社会学科内，普遍有《圣经》的内容，并将其作为文学、历史和公民道德课来讲授。

三、美国高校思想政治教育的基本途径和方法

（一）通过各科课堂教学进行思想政治教育

美国高校虽不开设专门的思想政治教育课，但普遍开设历史、地理、公民学、政治学、经济学等课程及其他的人文和社会学科，使大学生在对历史做出理性分析的基础上，培养浓厚的爱国主义信仰。课堂教育的方法主要有以下两种：一是教师正面讲授一些相对稳定的道德规范和国家倡导的价值观；二是组织学生对一些有争议的道德问题进行讨论或辩论，在自我教育中培养必要的道德辨析能力。正如有的美国学者所讲："一个美国学生必须对美国的文化和精神传统有一个起码的体验和理解，否则他就不能算是个受过教育的美国人。"大学生通过对公民学及其他的伦理、政治学科的学习，成为美国社会所期望的"好公民"。美国各州高校开设的思想政治教育课虽各不相同，但各校主要的思想政治教育基础课有西方思想史、美国历史、伦理学、艺术和社会、美国总统制、政治学、经济学、宗教等。

美国高校不仅注重在人文学科中渗透思想政治教育，在理工科中也开始渗透思想政治教育内容。其方法是对每一门主修专业，都要从历史、社会和伦理学的角度学习研究，即要求学生对任何一门专业课程的学习都要回答三个问题：这个领域的历史和传统是什么？它所涉及的社会的和经济的问题是什么？要面对哪些伦理和道德问题？由于大学生毕业后将直接进入社会从事专业工作，美国高校还十分重视对大学生的职业道德教育。美国律师协会和法学会达成协议，规定法学院所有毕业生都必须通过职业道德课程的考试，才能进入律师行业工作。有的高校开设了新医疗革命中的道德问题、冲突和变革与商业道德、技术革命中的道德问题等专题，着重解决学生的职业价值及与职业有关的道德问题，培养学生的敬业精神。

（二）通过心理咨询培养健全人格

心理咨询作为指导帮助大学生健康成长、排除成长道路上的障碍、减少心理疾病、促进性心理健康的有效途径，已成为美国高校中不可缺少的组成部分。其内容主要有生活指导、学习指导、心理辅导和就业指导。其方法可以是上课，也可以是座谈、个别谈话、个别咨询，还辅以电视、电影教育。

心理咨询在美国各个高校都设有常规的机构，这类机构有固定的编制、行政拨的经费和正规的工作制度，还集中了一批受过专业训练的心理咨询专家，全面地为学生发展提供咨询。心理咨询机构除了开展日常的心理咨询和心理教育外，还经常开展多种形式的团体心理训练活动，如交朋友小组、敏感性训练小组、心理治疗小组等。如卡纳尔大学十分重视情感对于新生适应大学生活的必要性，他们以"暑假课程"形式在新生中开展情感适应训练，内容包括增强个人责任心、人际交往和竞争环境中的自信心，培养学生专业兴趣，学会客观的评价自己的能力，使学生和大学融为一体。

（三）通过组织学生参加课外活动与社会服务，增加思想政治教育的实践性

实践性和服务性是美国高校思想政治教育的一大特点，"Do it!""Try it!"是美国教师对学生最常说的一句话。因为许多美国学者认为道德伦理规范的灌输无益于学生道德水准的提高，真正的教育途径是实践，让学生在实践中增加道德认识，增强道德责任感，培养道德情感。因此，美国高校很注重组织丰富多彩的课外活动和形式多样的社会服务，来增强思想政治教育的实效性。课外活动的一般形式有：各类学术活动，校园文艺与体育活动，校庆、国庆、入学及毕业仪式等全校性活动。

社会服务是指让学生走向社会，进行多种形式的义务服务，以培养大学生的社会责任感。美国大学生参加社会服务的范围非常广泛，经常参加的有募集资金、竞选宣传、环境治理、为老年人和残疾人服务、慈善工作等。通过课外活动和社会服务，培养学生自我管理、自我教育以及社会生存的基本能力，培养其意志力、探索性及自主、自重、公平竞争和爱校爱国的精神，树立尊重他人、为他人服务、与他人合作、平衡人际协作的态度。这些实际活动也不断地将道德原则内化为学生自己的道德信念，弥补了课堂教育的不足。

（四）通过大众传播和社会公共环境对学生进行教育

当代美国大学生属于"电视的一代"，甚至是"网上的一代"，他们对现代大众传播媒介具有很强的依赖性，容易受大众传播媒介的影响，因此报刊、电视、广播等大众传媒和网络是营造高校思想政治教育大环境的有效途径之一。近年来，美国高校还不断利用校刊对大学生进行教育，为学生专门办报纸，引导大学生舆论。

美国高校通过社会公共环境熏陶、渲染、渗透所进行的思想政治教育更具有典型性。美国首都华盛顿以拥有众多博物馆而著称于世。国家不惜大量投资进行社会政治环境、场所的建设，像美国国会大厦、白宫、华盛顿纪念馆、林肯纪念堂、杰弗逊纪念馆、国家图书馆、航天航空博物馆等，这些场馆集中体现了美国的物质文明和精神文明，宣扬美国的

政治制度和价值观念，是美国向其国民包括大学生进行思想、政治、道德教育的重要基地和生动教材。广大青少年正是在这种自然的生活过程中，接受了无形的思想政治教育。显然，这种渗透把理性的思考融于感性的事物，减少了青年的逆反心理，提高了思想政治教育的实效性。

四、美国高校思想政治教育的特点

由于美国社会的多元化背景及至今没有一个全国性统一的教育体制，高校思想政治教育实践做法多样，不过就其主流和趋势而言，当代美国高校思想政治教育主要有以下几方面的特点。

（一）注重对学校思想政治教育理论上的探讨并运用于实践

美国较注重从学科角度对思想政治教育进行研究，出现了众多的思想道德教育理论，如价值澄清理论、认知阶段理论等，并将理论模式应用于实践，反映了理论指导实践的作用。

（二）注重全面渗透性教育

美国思想政治教育主要通过各门课程的渗透性的间接方式来进行，而不是开设专门的思想政治教育课来进行。这是因为，一方面美国的国情不允许强行灌输某一种价值观，另一方面美国人认为价值观的教育不可能局限于几小时的教学中。

（三）注重解决学校的实际问题

美国高校思想政治教育受实用主义思想影响，较强调学校作为一个社会的缩影，关注学生面临的现实问题，开设各种课程和组织各种活动来有针对性地解决学生的问题。

（四）注重提高学生的认知能力，培养学生积极参与社会活动的意识

美国高校注重发展学生的认知能力，而不是要求学生死记硬背一些思想道德规范。学校也较注重学生社会参与的意识，促使学生积极投入到社会活动中去。

（五）信奉多元性和自主性，促使学生能动地养成良好的思想品德

多元性除了表现在价值取向的多元化，不强求一致，但要求学生学会相互尊重外，还表现在高校思想政治教育没有全国统一的要求，50多个州各行其是。自主性主要表现在教学方法上重视学生个性，启发诱导和自主选择，强调在多元、多变的社会形势下加强学生自主意识、认知能力的培养，以及实践精神的塑造。

第二节　日本高校思想政治课程教学模式

日本是一个擅长学习外国经验的国家。"二战"后，日本接受了西方民主、自由、个

性的思想政治教育原则，并使之与本国传统文化、国情结合起来，制定了东西方相结合的教育内容，形成了日本民族的个性文化。通过实施这样的教育，日本成功地把本民族的忧患意识、集团心理、自强精神引上了争夺世界经济霸权的轨道，培养了其经济发展所需要的合格人才，其中思想政治教育的作用不容忽视，值得我们深入探究。

一、日本高校思想政治教育的目标

进入 20 世纪 90 年代，日本确定了其高校面向 21 世纪的思想政治教育目标：培养宽广胸怀与丰富的创造能力；培养自主、自律精神；培养在国际事务中能干的日本人，其中特别强调要培养在和平、国际协调这种相互依存关系中能生存下去的"国际型"的日本人。可以看出，日本的思想政治教育目标具有明显的面向现代化、面向世界、面向未来的特点。

二、日本思想政治教育的基本内容

（一）个性教育

由于在日本民族的传统文化中有着极其强大的家庭意识、团体意识、民族意识等共同体意识，极其缺乏对人的自由与个性的尊重，但发展人的个性又是发展现代资本主义所必需的。因此，"二战"后，日本教育界就十分强调个性教育，特别是 20 世纪 90 年代进入信息社会以后更是如此。但日本的个性教育与西方的以个人主义为中心的个性教育不同，前者是以集团价值的实现为最终目的的。

（二）爱国主义教育

爱国主义几乎是各国长期进行思想政治教育的主要内容。日本高校的爱国主义教育有以下几个主要内容：

1. 虔诚天皇

"二战"后天皇虽被解除了国家最高元首的权力，但作为国家的象征其仍受到了国民的崇敬。日本进行虔诚天皇的教育，恰恰是使天皇作为国民精神的寄托、崇敬的实体而赋予了日本战后爱国主义一个崭新的内容。

2. 忠诚于国家教育

日本对来源于中国的儒家思想根据需要加以取舍，赋予中国儒学中的"忠"以特殊含义，把它作为日本的首要道德准则，这就是把"儒家的基本价值升华为国家意识"。

3. 乡土教育

乡土教育即以本地区的地理、历史、经济、文化发展为教育内容，从而使学生了解日本悠久的历史、优秀的文化传统。

（三）人生观教育

日本高校进行的人生观教育就是使学生树立人生的目标，寻求人生的意义，体验人生的乐趣，以实现对社会的贡献。日本的人生观教育包括三个方面。

1. 珍惜自己的生命；

2. 展示生命的意义；

3. 须有顽强的意志，诚实、正直的与人交往。

由于当代日本大学生这些在经济高速发展下成长起来的"新人类"，普遍缺乏社会责任感，没有人生追求目标，因而日本教育界把人生观教育放到十分重要的位置。

（四）国际化教育

国际化教育就是教育大学生熟知别国的政治、经济、文化及教育等各个方面，学习与外国人密切往来与友好相处的道理，树立日本人的形象；同时教育大学生珍惜和平、自由与人权。青年的国际化思想是日本作为一个资源有限的岛国，要在激烈的世界竞争中立足和获胜的必要条件。特别是在日本成为经济大国后，为争取其在世界上的政治大国地位，更是积极地参与国际事务，这些在高校的思想政治教育内容中也体现了出来。

（五）劳动教育

劳动教育即通过劳动树立劳动观念、培养劳动意识，通过劳动检验养成热爱劳动、珍惜劳动成果以及与他人合作的好品质。

总之，战后日本高校的思想政治教育是紧紧围绕其经济发展这一中心内容的，并随着经济、政治的发展变化，不断调整思想政治教育的目标与内容，以适应社会的发展。

三、日本高校实施思想政治教育的基本途径、方式与方法

（一）课堂教学

日本对学生思想道德品质的培养最直接及最系统的方式，是通过规范的课程向大学生灌输代表国家意识形态的价值观、人生观和政治观，使学生思想道德品质的形成有明确的理论指导。以东京大学为例，东京大学设有教养学部，教养学部分为教养学科与基础学科两大类。学生入学后，首先在教养学部学习两年，教养学科的共同课程有希腊、罗马思想史，哲学，伦理学，东洋思想，基督教思想，民族学，科学史，近代史，日本社会学，法学，政治学，文化人类学，现代科学论等。

（二）实践教育

将实践活动列入课程计划。实践活动紧紧围绕思想政治教育目标，紧密结合本土社会的实际，在活动的内容安排上有明确的目的并且注重实效。日本文部省自20世纪80年代以来，就大力提倡并推行"体验性学习"。这种体验性学习包括：一是要求学生承担一定的家务劳动；二是要求学生定期参加社会志愿服务体验活动；三是每年都有7到10天的耐苦生活体验，让大学生到生活条件差的岛屿、农村等边远的地方去劳动锻炼，接受劳动教育、集体主义教育和民情民俗与热爱大自然教育；四是在"自然课堂"中上教

育课，即组织学生在大自然环境中过有规律的集体住宿生活，获得平时在学校生活中无法得到的某些体验。文部省推出的"学社融合计划"，旨在重新调和学校与社会教育各自应负的责任，创建有利于青少年身心健康、个性教育的社会环境。

（三）科学的心理咨询

健康的心理、成熟的性格是大学生培养目标的重要组成部分。因此，日本高校十分重视大学生的心理咨询工作，建立了较为完善的指导咨询机构，通过机构的专业人员向学生进行生活指导、学习指导、心理辅导和就业指导等，以解决学生遇到的各种心理问题，排除成长中的心理障碍，减少心理疾病，促进学生在思想和心理上的成熟。

（四）改革高校招生制度

日本从 1979 年起，不断改革高校招生制度，使高校招生选拔多元化，在公平竞争的基础上，注重以下几方面的发展。

1. 扩大推荐入学制度（学校推荐和自我推荐）；

2. 开发社会人、归国子女入学考试；

3. 录用有一技之长的人；

4. 以增加入学考试的次数等方式选拔学生。

各大学不仅侧重于学力考试，还适当地结合调查表、小论文、实际操作检查等多方面判定考生的能力及适应性。这些改革为高校思想政治教育带来了诸多积极影响。

1. 在整个学校教育阶段使学生牢固树立德智体全面发展的素质观，改变学生的"智育第一"偏向；

2. 减轻学生的心理压力，利于学生健康心理的形成；

3. 新生入学后能有效缩短适应期，最大限度地发挥个人的潜能、个性与特长。

（五）结合就业教育进行思想政治教育

日本高校注重就业指导，将用人单位对学生素质要求紧贴学校思想政治教育目标。日本用人单位所需人才，除要有优秀的专业知识外，更重要的是还应有强烈的工作责任感和事业心，具有被人喜欢的性格，朝气蓬勃、充满生机，对事物的考虑具有独特的视角与方法，有良好的人生观、价值观和职业道德观。用人单位一般每年都要提前几个月到大学通过书面或口头的方式按以上标准考核录用毕业生，学校也会积极支持用人单位的选拔工作。这种由用人单位提出的道德标准，对学生的影响比学校简单的说教要好得多。

四、日本高校思想政治教育的特点

日本是一个善于吸收外来文化，长于创造性地运用传统文化而又不为传统文化所桎梏的民族，日本高校思想政治教育同样也体现了外来文化与日本本国国情相融合的特点。

（一）以东方思想为传统

日本从公元 5 世纪起就开始与中国交往，吸收中国传统文明与文化，并在长期的交往中，深受中国传统文化的影响，特别是儒家学说的影响。并且随着历史的发展，儒家的一部分价值观、伦理观已积淀为日本人的首要规范和民族心理。日本高校思想政治教育模式，从根本上讲，是以中国儒家学说作为其理论基础的，从教育内容上看，爱国主义、劳动教育和人生观教育都体现了儒家的礼、义、忠、恕、孝的观念。

（二）不断西方化的趋势

日本是东方国家，但深受西方社会的影响，特别是"二战"后，日本开始进行资本主义现代化建设，儒家所倡导的"重义轻利"与资本主义的商品经济思想格格不入，因此，日本在引进西方先进的科学技术的同时，也开始引进西方的政治、思想、教育等各个方面的先进经验。这在日本高校思想政治教育的"个性教育"和"国际化教育"等内容中就可以清楚地看到。

（三）东西合璧，创造性地发展

日本根据国情合理吸收运用中国儒家思想，使之转化为具有日本特征的儒学；对西方民主、自由、个性的教育方针，日本进行改造利用，提出个性教育、国际化教育。日本这种利用外来文化改造自己文化，既坚持传统，又勇于革新的教育理念，值得我们学习。

第三节　新加坡高校思想政治课程教学模式

新加坡 1965 年正式独立后，政府就强调新加坡的国情是人多地少、资源缺乏，优势是人才资源丰富，要使人才资源得到有效开发，只能依靠教育事业的兴旺发达，因此，新加坡政府一向重视教育。20 世纪 80 年代，新加坡经济开始起飞，但由于过去一直只重视大学生的智育，忽略了大学生的思想政治教育，导致了青少年道德水平普遍下降，整个社会面临道德危机。对此，新加坡前总理李光耀在 1980 年提出："希望我们在 20 世纪 80 年代培养出有教养的国民。"从此，思想政治教育在新加坡高校被提到与智育同等重要的地位。

一、新加坡高校思想政治教育的目标

新加坡高校思想政治教育的目标是培养热爱新加坡、具有高度社会责任心和国民意识的"新加坡人"，使青年成为有独立思想和正确价值观的合格公民。新加坡高校思想政治教育目标与合格公民的基本价值观念，可简明扼要地归纳为五个方面：国家至上，社会为先；家庭为根，社会为本；关怀扶持，同舟共济；求同存异，协商共识；种族宽容。并且追求在共同价值观念得到认同的基础上，弘扬"敬业乐群、勤劳进取、廉洁奉公、讲究效率"的新加坡精神。

二、新加坡高校思想政治教育的基本内容

（一）公民教育

这是新加坡高校思想政治教育的一个重要内容，主要向大学生讲授公民基本知识及文化与道德价值基本知识，把学习明确作为新加坡国民应享有的权利和应尽的义务。总的说来，公民教育必须强调国家利益至上价值观念的灌输，强调"国家意识"的最主要表现是把国家利益放在个人之上。新加坡的"国家意识"相当于我国的爱国主义。由于新加坡是一个由多民族组成的新兴国家，因此特别重视对新加坡人国家意识的培养，认为这是建设好国家的关键。

（二）生活与成长课

该课程主要讲授与日常生活息息相关、与人生成长密切相连的传统价值论，使学生掌握基本的道德知识观念，深知日常生活中道德调节的重要性，养成遵守基本道德规范的行为习惯，为在生活和未来的工作中自觉地践履传统美德打下坚实基础。

（三）宗教教育

宗教作为道德教育和人生观教育的载体，在新加坡高校受到了重视。由于新加坡是多民族国家，因此，包括基督教的《圣经》知识、伊斯兰教知识、佛教知识、印度教知识、锡克教和其他宗教知识，都能在新加坡高校中得到讲授。其中宗教意味较淡薄，道德伦理气息最浓厚。

（四）传统伦理道德教育

新加坡高校十分重视对民族传统伦理道德的教育，表现为对各民族传统的尊重，通过各民族的传统节日与传统生活习惯的影响，把传统文化中优秀的东西传授给青年。而新加坡作为一个东方国家，深受中国儒家思想的影响，儒家的伦理道德思想是新加坡高校德育的重要内容，并且为满足新加坡社会的现实需要，还对儒家思想中的观念或内容进行了现代化的转化与改造。如对"五伦"观进行现代解释："君臣"关系解释为国家与个人的关系，强调对国家的忠诚；"父子"关系解释为父母与子女的关系，强调家庭伦理中的"慈"与"孝"；"夫妻"关系中去掉了男尊女卑的含义，强调男女平等；"兄弟"关系扩展为兄弟姐妹的友爱团结。

三、新加坡高校思想政治教育的基本途径与方法

（一）学校课堂教育，主要是对基本理论和观念的系统化教育

新加坡高校普遍开设公民课、新加坡历史、法律、政治经济学等，其中最具特色的是

对大学生进行儒家伦理思想的教育。其讲授儒家伦理课的目的是把学生培养成具有儒家伦理的价值观念、有理想而又有道德修养的人，使学生认识华族固有的道德观念和文化价值，认识自己的根源，从中培养学生积极的、正确的人生观，并帮助学生确立良好的人际关系。但在教学方式上，其借鉴欧美的教育形式，如隐蔽型教育、价值观念澄清、培养学生的道德素养和判断能力等，从而使东方的内容（儒家伦理）与西方的形式（现代的教育心理学）结合起来。

（二）通过社会实践教育

新加坡十分强调学以致用，学生学习的目的是为国家经济发展和社会进步服务，并将之作为指导思想贯穿在整个教育过程之中，这也是新加坡教育能够培养出合乎经济发展亟须人才的原因。新加坡教育当局规定高校必须进行社会实践活动，其基本形式有：

1. 最普遍和最重要的形式是联合搞科研，经营某种事业，由学校出智力、出知识，厂方出资金、出人才；

2. 为社会实际生产部门提供咨询服务；

3. 同生产部门挂钩办教育，由厂方提供实习场所；

4. 开设研究社会的课程，让学生向社会学习；

5. 教师也经常到生产部门取经；

6. 鼓励学生到社会中去调查，了解社会的现实状况；

7. 增加社会实习时间。

（三）通过校外的社会运动和日常行为指导进行教育

新加坡政府非常重视通过经常的宣传与对日常生活的指导来对全体国民，包括大学生，进行国民意识、文明礼貌等的教育。新加坡通过全国性的社会运动来创造良好的思想政治教育大气候和良性大环境，使人们在运动中相互感染而受到更好的教育，如"文明礼貌周""国民意识周"等，并强调日常行为规范，鼓励人们"处世待人，讲究礼貌"，使人们养成"谈吐优雅、举止彬彬有礼、态度谦和"的好习惯，从而将一些做人的基本礼貌化为人们生活的一部分。

（四）家庭教育被视为思想政治教育的重要途径

新加坡大多数领导人都认为传统家庭价值观念是避免东方社会成为"伪西方社会"的关键，认为"社会高于个人""家庭是社会的核心"是维护国家生存和发展的两个基本价值观。由于在一个气氛融洽、关系良好的家庭中，老、中、青三代能够有效协调关系，从而保证了良好的社会秩序根植于家庭的沃土中。并且在一个尊重老年人的家庭中，传统价值观也可以借助祖父母、父母潜移默化地传给下一代，青年人能直接从老辈人那里得到学校不能获得的"如何做人"的教育，由于这种教育是通过日常生活进行的，因此更有实效。

（五）树立道德典范来增强道德规范的感召力

新加坡通过对国家公务员的廉洁教育来纯化社会道德风气，树立道德典范。反腐倡廉是新加坡政府几十年的政策和思想政治教育的重音符。通过对国家公务员德、行规范的正面倡导和反面制裁，基本保证了政府作为社会组织机构的肌体健康，一个"廉洁政府"的政府形象无疑是全社会的道德楷模。

四、新加坡高校思想政治教育模式的特点

（一）以儒家伦理道德为思想基础，具有浓厚的东方传统色彩

通过对传统的伦理道德思想的合理继承和有效创新，形成了具有新加坡特色的思想政治教育模式。

（二）重视青年思想政治教育

新加坡政府一贯高度重视对青年的思想政治教育，并由政府组织领导了一个由学校、家庭、社会三方面组成的思想政治教育网络。

（三）具有强效性

新加坡高校的思想政治教育富有针对性，从而也就具备教育的强效性。面对西方价值观念的负面影响，及时提出恢复东方传统美德教育；经济繁荣后，青少年的社会责任感降低，道德水平下降，进而提出全面加强对青年的德育，把德育提高到与智育同样重要的地位；针对新加坡是个多民族的新兴国家，提出"国民意识"教育，增强国民的国家认同感；这些举措都取得了良好的效果。

（四）具有系统性

新加坡高校的思想政治教育具有很强的系统性，思想政治教育不仅随教育的不同层次而展开，也随"学校—政府—社会"的不同方面的努力而延伸。

上面分别介绍了美、日、新三国高校思想政治教育模式的大致情况。之所以选择这三个国家作为我们比较研究的对象，是由于这些国家具有典型性。美国作为当今世界上发达的资本主义国家，能"腐而不朽"，并长期保持其政治、经济的稳定发展，可以说思想政治教育工作在其中发挥了相当大的作用。并且美国的科学研究在近代一向居于世界前列，在教育原理、方法和手段上确实有不少值得我们借鉴学习的地方，特别是它的思想政治教育的"科学化"和"渗透性"。选择日本则是因为日本同中国一样属于东方传统国家，它能够在保持自身民族性的基础上，很好地吸收西方的文明成果，将西方的先进经验为自己所用，这对于我们在改革开放中如何处理好继承与借鉴的关系具有重要的提示作用。至于新加坡，它虽然是一个亚洲小国，但它在短短几十年内就由一个殖民地国家发展为一个新兴工业国家，德育的作用功不可没，它在思想政治教育方面的许多做法都值得我们学习，比如如何调整思想政治教育模式以培养社会所需要的人才，如何塑造全社会积极、健康的

精神文明等，都是我们在探讨高校思想政治教育新模式过程中需要借鉴的，特别是新加坡在对儒家传统思想的改造与应用上，值得我们借鉴。

当然，除了这三个国家外，世界上其他国家的高校思想政治教育模式也有许多值得我们学习的地方。特别是到了 20 世纪末，由于世界政治、经济局势发生了重大变化，经济全球化、政治多样化、社会多元化、技术信息化等。为适应社会的发展，世界各国的思想政治教育又开始了新一轮的调整，目前这次调整仍在进行当中。

第四节　中国高校思想政治课程教学模式改革的趋势

目前，我国的思想政治教育为适应社会的发展也处于调整过程中，这次调整是在我国经济、政治体制改革进一步深化和信息技术的冲击下进行的。这次调整才刚刚开始，远没有结束，但从现有的理论讨论和实践探索上，我们可以分析出一些当前我国高校思想政治教育模式改革的大致趋势。我国高校传统的思想政治教育模式基本上是一种以理论为中心的、比较强调外力与管理作用、比较注重系统与集体教育的方式，因此，传统思想政治教育模式可概括为：经典理论—教师—学生，这样一个单向线性传播模式。随着我国改革开放的深入，出现了所有制、分配方式、生活方式以及思想意识领域的多元化趋势，我国高校传统的思想政治教育模式已遭到市场经济和信息社会要求信息平等、自由传播的挑战。

我国高校思想政治教育新模式的趋势是建立"以人为本的整体教育模式"的主要框架可以这样组成：

一、确立科学的教育目的和教育地位

我国高校思想政治教育的目的是用马列主义、毛泽东思想和邓小平理论教育青年，帮助他们树立科学的人生观、世界观并掌握方法论，成为面向未来、面向世界、面向社会的社会主义新人，使青年大学生的政治觉悟、认识能力、道德品质、个性心理、法律意识能得到较大的提高和发展。

构建高校思想政治教育新模式需要有坚实可靠的理论基础，马克思主义哲学始终是我国思想政治教育的最终理论基础，这是永远不可改变的基本原则。但马克思主义哲学本身就是个开放的体系，随着社会的发展，马克思主义哲学也在不断地发展、创新，因此，我们思想政治教育的理论基础是发展了的马克思主义哲学，而不是固守马克思的一些教条，具体来讲，就是要坚持实事求是，坚持与时俱进，以建设有中国特色的社会主义理论为我们的理论基础。我国高校思想政治教育的另一个重要理论基础是中国传统文化。中国具有五千年的优秀历史文化，积淀了丰富的德育理论和经验，坚持传统文化教育，也是保持我国高校思想政治教育民族性的有效途径。此外，有选择地借鉴国外人本主义哲学思想也是

建构我国高校思想政治教育新模式的理论基础之一，这也是实现我国思想政治教育现代化、国际化的一个重要方面。

必须坚持高校思想政治教育在整个高校教学中的重要地位。思想政治教育是经济工作和其他一切工作的"生命线"，这是任何时候都动摇不得的，对高校教育来说也是如此。要在社会主义市场经济条件下，培养符合社会发展需要的德、智、体、美、劳全面发展的人才，使其在社会主义市场经济的浪潮中始终坚持正确的方向，需要强大的思想政治教育为其保驾护航。同时，由于德育在个人的个性心理发展中起着导向作用，思想政治教育也是个人实现全面、健康发展的必需。因此，必须保证思想政治教育在高校教育中的统帅地位。

二、我国高校思想政治教育的基本内容

（一）理想信仰教育，也就是共产主义、社会主义教育

这是我国思想政治教育的核心。在当前建设社会主义市场经济条件下，理想信仰教育不是要削弱，而是要加强，使其起到思想导向的作用，并起到团结和凝聚力量的作用。具体来说，就是要使大学生形成科学的共产主义信念，正确认识和理解社会主义民主和法制、自由和纪律的关系。

（二）集体主义、爱国主义教育

这是我国思想政治教育的主旋律。爱国主义教育一直是我国思想政治教育的重要内容之一，现在还应赋予新的内容，把热爱祖国同建设有中国特色的社会主义统一起来。集体主义主要引导人们正确处理国家、集体、个人三者之间的关系，要引导大学生坚持集体主义的价值导向，反对个人主义。同时要积极帮助大学生实现个人的正当利益、个人的尊严和个人的价值，使个人发展和社会发展达到合理、和谐的统一。

（三）政治教育

这是我国思想政治教育的重要内容，也就是要坚持党的基本路线教育、形势与政策分析等，提高大学生的政治觉悟，把坚定正确的政治方向放在首位。

（四）为人民服务的人生观教育

为人民服务是社会主义人生观的核心，也是当代大学生人生的主要目的。人生目的规定了人生发展道路，走与实践相结合、与群众相结合的道路是人生发展的方向。

（五）辩证唯物主义和历史唯物主义世界观教育

马克思主义哲学的理论教育使大学生学习和掌握辩证唯物主义和历史唯物主义，自觉运用马克思主义的立场、观点和方法分析和认识复杂的形势并指导实践。

（六）传统美德教育

中华民族几千年的传统文化是我们进行思想政治教育取之不尽用之不竭的源泉，特别

是儒家的"德治""德育"理论与实践经验，更是给我们留下了宝贵的遗产。如儒家的"慎独"思想在当今社会小型化、个性化发展中，特别是在网络道德建设中，起着越来越重要的作用。

（七）个性教育、创新教育

这是我国高校传统思想政治教育模式中比较欠缺的内容。必须强调和尊重学生的个性发展，只有个人成为一个个独特的人，整个社会才会充满生机和活力。

三、我国高校思想政治教育的基本途径和方法

（一）学校课堂教育

这是我国高校思想政治教育的主渠道，主要包括两种类型的课堂思想政治教育。一种是直接理论教育，包括以"两课"课程为主的专门的思想政治教育课，主要有"马克思主义哲学基础""邓小平理论概论""思想道德修养""法律基础""中国革命史"等。通过这些课程向大学生系统、全面、深入地讲解有关思想政治方面的基础知识和理论体系，提高大学生认识问题、分析问题的能力。另一种是在各门专业课的学习过程中，渗透思想政治教育，如在文学、历史、地理等学科中贯穿爱国主义教育，在数学、物理、生物等理科教学中陶冶学生严谨、认真的工作作风和尊重自然、崇尚科学的思想等。此外，目前我国高等教育也逐渐认识到对大学生进行职业教育的重要性，把职业道德教育明确地列入学校课堂教学课程，如师范生的"教师品德教育"、医科生的"医德"及"医学伦理学教育"、商科院校的"商业道德教育"等，体现了思想政治教育的针对性。在课堂教学方法上，教师"一言堂"的情况正在得到改变，讨论式、辩论式、提问式的教学方法越来越多地得到运用。多媒体、计算机网络等现代教学手段也逐步进入"两课"课堂。

（二）社会实践和社会服务教育

"理论联系实际"是我国高校思想政治教育的一项基本原则和经验，各个高校都十分注重通过社会实践和社会服务来使大学生适应社会，学会在实际工作中相互协作。教育部也规定，理工科学生在大学四年内必须有一定时间的见习实习、操作实习、管理实习和最后的毕业综合实习，使理论在实践中得到运用；文科学生必须有社会调查和社会实践活动；师范生在毕业前必须通过教学实习掌握做教师的实际技巧才能毕业；医学生更是要求在毕业前至少有一年的临床实习。从 1989 年起，大多数高校都要求大学新生必须接受一个月的军训，以锻炼意志、纪律和自理能力。近几年来，各高校学生会还纷纷组织各种青年志愿团，进行慰问军烈属、社会服务、下乡扶贫等各种公益活动，使大学生在社会服务中增强协作精神和社会责任感。在各个假期，各个学校的党委、团委和学生组织还会组织各种社会考察和社会调研活动。

（三）营造积极健康的校园文化

通过改善大学生的学习、生活环境，在潜移默化中对学生进行思想政治教育，并在各种活动中增强学生自我教育的能力。活动具体有：

1.组织丰富多彩的课外活动。各种兴趣小组、文体比赛、演讲会、辩论会等，既活跃了校园气氛，又使大学生在实践活动中锻炼了能力，还强化了大学生组织协作意识，是现实的人文教育。

2.通过各种大型的活动营造校园文化。如国庆、校庆、毕业典礼、开学典礼等，通过这些活动体现主流思想意识，展现传统的魅力，让大学生真切地体会爱国主义、集体主义精神。

（四）通过大众媒体对广大人民群众，包括青少年学生进行思想政治教育

一直以来，我国的报纸、广播、电视等大众媒体通过在大众媒体上公布、解释党和政府的路线、方针、政策，介绍我国社会主义现代化建设的发展以及进行正面、主流思想的宣传来达到教育人们的目的。目前，大众媒体的另一个重要职能已越来越受到重视，那就是"监督"职能，由于媒体的监督职能一般都是由下向上的监督，能使更多的人参与国家管理与运作，因此，还需进一步扩大通过大众媒体对青少年的思想政治教育。目前，最需要注意的是"第四媒体"——网络——对传统媒体的冲击。由于网络的超大信息量、快捷性、开放性和交互性，与传统媒体相比，大学生更青睐网络，而网络上的信息良莠不齐，以及它独具虚拟性，因而对青年的思想意识发展具有较大的负面影响。因此，如何占领网络意识形态领域，加强网上信息管理已是摆在高校思想政治工作者面前急需解决的问题。

（五）心理咨询

这是我国高校近年来普遍采用的一种思想政治教育途径，是疏解大学生情绪、培养健康人格的有效手段。目前大多数高校都设置了心理咨询室或心理咨询中心，对大学生进行学习、生活、情感、心理、就业等问题的咨询，并取得了明显效果。

（六）改进工作方法

在思想政治教育方法上，社会和科技的发展，为高校思想政治教育注入了新的活力，开拓了新的领域。其主要运用信息论、控制论、系统论等现代方法论改进、充实思想政治教育方法；借助自然科学的实验方法；人工智能模式、电脑、网络等先进手段发展思想政治教育方法；吸收社会学、心理学、统计学、行为科学等相关学科的成果丰富思想政治教育的方法，促使思想政治教育方法向纵深发展。

四、我国高校思想政治教育模式的主要特点

（一）党性强

我国高校思想政治教育的党性非常强，坚持党对思想政治教育领域的绝对领导权是我

国高校思想政治教育模式的最大特点。在社会主义中国，思想政治工作是党的工作的一部分，加强党的领导是搞好思想政治教育的根本。高校建设作为我国社会主义事业的一部分，同样也不例外。因此，我国高校都是实行党委负责制，并在校、系、年级、班、小组各级组织设立党支部，层层负责学生的思想政治工作。

（二）坚持马克思主义

坚持意识形态领域的马克思主义"一元论"，反对"多元论"，是我国高校思想政治教育的一大特点。但坚持"一元论"并不完全否定或杜绝非马克思主义理论的传播，特别是在今天的网络时代，"堵"是堵不住的，只有在对西方社会思想进行分析、比较、鉴别后，才能使大学生树立科学的共产主义信念，掌握马克思主义的世界观、人生观。

综上所述，我国高校正在构建的思想政治教育模式，是在传统教育模式的基础上，吸收国外的优秀经验，适应社会的发展需要而进行的有益调整，是一种以学生为中心的，包括思想、政治、道德、心理和法律等内容的整体思想政治教育模式，并且由学校、家庭和社会构成了一个完整的思想政治教育网络。

第五章 全媒体环境下高校思想政治教育课程改革

第一节 全媒体环境下高校思想政治教育接受改革

全媒体时代的到来给高校思想政治教育工作带来了机遇和挑战，传统媒体和新兴媒体的融合发展、优势互补为高校思想政治教育接受效果的进一步提升拓展了新的空间。在借助全媒体开展育人工作的过程中，全媒体融入大思想政治育人格局的顶层设计、接受主体的主观能动性、教育者的全媒体素养都将在直面挑战中得到提升，从而进一步改善思想政治教育接受效果。

伴随着信息社会的不断发展，新兴媒体的影响越来越大。新兴媒体和传统媒体的碰撞催生了全媒体时代的机遇和挑战。新时代赋予高校思想政治教育新使命，全媒体背景下高校思想政治教育接受如何更好地提升效果，更好地服务于立德树人中心环节和培养德智体美劳全面发展的社会主义建设者和接班人的根本任务，是高校思想政治教育工作者面临的新考验。

一、高校思想政治教育进入全媒体时代

（一）全媒体的含义

全媒体是"综合运用多种媒介表现形式，如运用文、图、声、光、电来全方位、立体化地展示传播内容，同时通过文字、声像、网络、通信等传播手段来传输的一种新的传播形态"。

全媒体包含了传统媒体和新兴媒体，在全媒体时代，"传统媒体和新兴媒体不是取代关系，而是迭代关系；不是谁主谁次，而是此长彼长；不是谁强谁弱，而是优势互补"。全媒体之"全"既表现在它将传统媒体和新兴媒体融合在一起，吸收了传统媒体运用权威性强、真实性高的优势和新兴媒体传播速度快、覆盖面广的优势，也表现在它是全程媒体、全息媒体、全员媒体、全效媒体之综合，其传播的信息可谓无处不在、无所不及、无人不用。

（二）全媒体融入高校思想政治教育的必要性

目前，我国网民超过 8 亿，其中手机网民占比超过 98%，而大学生是其中的重要组成部分，大学生利用手机获取信息、发表观点更是极为普遍。这些爆炸式发布的信息良莠不齐、真假混杂，其鉴别和选择对价值观尚未成型、人生阅历尚浅的大学生来说本身就有一定难度，再加上西方一些国家别有用心地通过文化输出等方式宣扬他们那一套价值观，更容易造成大学生价值观的迷茫，进而影响党和国家培养社会主义建设者和接班人的伟大事业。因此，在全媒体时代，持续运用传统媒体的育人优势，充分发掘新媒体的育人功能，主动占领全媒体的舆论高地，全面开展思想政治教育工作具有重要意义。要运用新媒体新技术使工作活起来，推动思想政治工作传统优势同信息技术高度融合，增强时代感和吸引力。就是要求思想政治教育工作者主动抓住全媒体时代的新课题，准确识变、善于应变、主动求变。

（三）全媒体融入高校思想政治教育的可行性

随着 5G、大数据、云计算、物联网、人工智能等技术的不断发展，移动媒体进入了加速发展的新阶段，这为全媒体助力思想政治教育接受奠定了技术支撑。此外，高校思想政治教育工作者的全媒体素养也在不断提升，除了本身就对全媒体技术有较好掌握的年轻教育者的加入，老一辈教育者也在年轻人的带动下，同时也在一些突发事件比如这次新冠肺炎疫情的倒逼下，逐步适应全媒体时代的挑战，这是全媒体助力思想政治教育接受的人员基础。与此同时，全媒体融合发展受到了党中央的高度关心和支持。

二、全媒体对高校思想政治教育接受的影响

（一）增强思想政治教育吸引力

研究结果显示，视觉、听觉、触觉等多重感官的刺激更容易吸引人们的持续关注，从而提升接受效果。传统的思想政治教育以课堂教学为主，教师讲课、学生听课，形式比较单一，对学生的吸引力有限，学生在课堂上睡觉、玩手机、聊天的情况时有发生，思想政治教育接受效果受到影响；随着全媒体的发展，不仅以思想政治课为主的第一课堂开始引入视频、音频等多种教学载体，包括校园文化活动、社会实践等在内的第二课堂也给了全媒体广阔的发挥空间，文字、声像、网络各显其能发挥育人载体功能，在很大程度上增强了对学生的吸引力，有利于思想政治教育接受效果的提升。

（二）提升思想政治教育亲和力

传统的思想政治教育以教育者为主体，以受教育者为客体，权威有余而亲和力不足。全媒体的融入为提升思想政治教育亲和力带来了新的机遇。和传统的课堂教学中学生被动接受教育内容相比，全媒体时代的思想政治教育更有点学校育人和学生自育相结合的味道。学生有更多的自主权，不仅体现在接受方式的多样化，也体现在学生可以通过刷弹幕、写

留言等形式更多地参与育人过程。全媒体时代，多元的选择和较强的互动性都提高了思想政治教育的亲和力，有助于提升思想政治教育接受效果。

（三）提升思想政治教育感召力

传统思想政治教育对学生的影响主要通过教师、教材和考试，形式相对单一，存在学生上完课就把教材束之高阁，直到考前再临时突击应付考试的情况。而在全媒体时代，面对相同的教育主题，可以同时启用微信公众号、视频音频软件等全媒体资源，各类平台在统筹安排下各显其能，充分发挥自身优势，协作宣传、同向同行、形成合力。学生置身全方位的"育人磁场"受到熏陶，达到"随风潜入夜，润物细无声"的效果，提升了思想政治教育的感召力。全媒体的介入可以照顾到学生接受教育渠道偏好的差异性，当他们通过任意一种渠道接触到了某个兴趣点，再通过课堂上和老师的讨论对教育内容予以强化，这样的接受将更为深刻。

全媒体的介入增强了思想政治教育的吸引力、亲和力和感召力，提升了思想政治教育接受效果。总的来说，符合党和国家对新时代高校思想政治教育工作的要求和期待。当然全媒体本身还处于发展融合阶段，自身的不完善和它与高校思想政治教育融合度的不完备，也在一定程度上给育人工作带来了挑战。

三、全媒体时代高校思想政治教育接受的挑战

（一）全媒体融合管理有待进一步提升

随着全媒体的发展，各高校其实不缺全媒体平台，缺的是对数量庞杂的平台的有效管理以及传统媒体、新媒体之间的有机融合。从学校、院系，到班级、社团，都有诸如微信公众号这样的平台，很多平台并未上报登记，这就给内容审核造成了困难；此外，随着新媒体技术的发展，b站、m站等视频、音频播放平台也越来越多地受到大学生的欢迎，平台种类的多样化进一步增加了管理难度。除了平台数量繁多不易管理之外，新旧媒体的融合不足也是一个问题。传统媒体有着成熟的信息审核机制，其传播的内容一般来说符合主旋律、传播正能量，但是存在传播渠道比较单一、传播速度较慢、对大学生吸引力欠缺的不足；与之相反，新媒体有着受众广、传播快的优势，但是由于其审核机制不够成熟，传播的内容有时缺乏准确性、权威性，甚至可能出现违背社会主义核心价值观的情况。传统媒体和新媒体的融合不够紧密，就会影响思想政治教育合力的形成，给受众带来思想和行动上的困扰，进而影响思想政治教育接受效果。

（二）接受主体的主观能动性有待进一步激发

随着思想政治教育范式的转变，教育者和受教育者之间的关系由主客体关系向双主体关系转变。而在思想政治教育接受中，更是将受教育者置于主体的地位，要求充分尊重其主观能动性。目前高校的思想政治教育工作在尊重学生主体性方面取得了很大进展，还可

以借助全媒体的力量进一步完善。从思想政治教育内容来说，校报、校广播台等高校传统媒体作为意识形态宣传的主要阵地，起到了唱响主旋律的作用，但是其内容有时和学生的日常生活，学生真正关心的热点、痛点有一定差距，缺乏亲和力和感召力；而新媒体平台所传播的内容则能够较快地捕捉到学生的关切问题，但是在主旋律、正能量引导上有疲软之势，在引导学生将个人理想融入国家发展方面还做得不够，无法较好地满足学生成长成才的要求。从思想政治教育形式来说，目前主要是通过教师引导、学生干部团队执行的形式利用全媒体平台开展工作，作为思想政治教育接受主体的广大学生参与的程度还是比较低的，如何更好地发挥学生干部团队的创造力、激发广大学生参与互动交流的热情，是下一阶段需要进一步思考的命题。

（三）教师全媒体素养有待进一步增强

思想政治教育工作队伍的全媒体素养虽说总体而言和过去相比有了进步，但仍有继续提升的空间。有的教师满足于会用全媒体平台了解掌握学生的思想状况即可，缺乏利用全媒体技术主动影响学生的精神世界、开展思想政治教育工作的意识；有的教师有这样的意识，但是缺乏实操技能，工作效率较低，影响思想政治教育效果；有的教师还没有转变传统的思想政治教育观念，觉得守好课堂教学主渠道就够了，认为全媒体介入教育不过是锦上添花、可有可无，和思想政治教育范式转型的大趋势背道而行。凡此种种都是思想政治教育工作者全媒体素养需要进一步提升的表现，教育者如果不能把握全媒体时代的机遇和挑战，不能与时俱进地创新工作方式，就不能和朝气蓬勃、与时俱进的"90后""00后"大学生建立平等互动的关系，更无从高屋建瓴地为处于"拔节孕穗期"的学生"扣好人生第一粒扣子"，引导他们成为堪当民族复兴大任的时代新人。

四、全媒体时代高校思想政治教育接受的提升路径

（一）加强全媒体顶层设计，打造互融互通大思想政治格局

一是加强全媒体平台库建设。全媒体平台实行备案登记、成效追踪和统一管理，对发挥思想政治教育功能显著的平台予以奖励，对还在摸索阶段且有潜力的平台予以帮扶，对"僵尸平台"予以清退，对传播不实信息的平台予以警告，严重者可予以撤销。通过平台库的建设，将全媒体平台纳入有序管理，做到多而不杂、各美其美。二是加强全媒体融合发展，使传统媒体和新兴媒体优势互补、互融互通，形成思想政治教育合力，让党的声音传得更开、传得更广、传得更深入。三是建立全媒体"一把手"责任制，包保到人、守土尽责。全校层面的平台由校党委统一管理，院系及以下层面的平台由院系党委统一管理，同时充分运用辅导员、学生骨干队伍，形成高效可靠的管理梯队。

（二）尊重接受主体的主观能动性，引导学生在参与中成长成才

全媒体时代，要想思想政治教育接受效果好，必须充分尊重学生的主体性，发挥学生

参与全媒体建设的主观能动性。就全媒体传播的内容而言，既要符合党和国家对青年学子的要求，又要满足学生自身成长的需要，要及时回应学生关心、困惑的问题，既解决实际问题又解决思想问题，更好地发挥强信心、暖人心、筑同心的作用。就学生参与学校全媒体思想政治建设的形式而言：要充分调动学生群体对全媒体有热情、有技术、有创意的优势，打造好全媒体运营学生骨干团队；建立全媒体学习师生互助小组，教师引导学生更好地选取和理解全媒体平台上传播的思想政治教育内容，而学生可以帮助老师更好地掌握全媒体使用技能。通过问卷、评比等形式在更广泛的学生群体中搜集热点选题，增强学生的主人翁意识，形成全媒体建设人人有责的良好氛围，有助于高校思想政治教育和学生的"自我教育"相结合，有利于提升思想政治教育接受效果。

（三）加强教师全媒体素质培养，建设新时代能打胜仗的育人队伍

一是加强教师理想信念教育，增强其主动用好全媒体资源开展思想政治教育工作的担当意识。思想政治教育工作者应该有强烈的危机意识和责任意识，警惕全媒体时代不良信息对学生思想的裹挟，利用全媒体平台主动出击、勇于作为，以习近平新时代中国特色社会主义思想武装学生头脑，占领高校思想阵地。二是加强教师技能培训，增强其善于利用全媒体平台开展思想政治教育工作的能力和信心。建立市区校三级联动培训机制，鼓励教师修满一定课时的全媒体技能课程，边学习边实践，逐步适应信息化要求、强化互联网思维、提升全媒体实操技能。三是建立考核制度，把教师运用全媒体开展育人工作的成效纳入考核指标体系。为了推进高校思想政治教育由传统向现代转型，鼓励教师与时俱进地使用全媒体新技术开展工作，可实行课堂教学、传统媒介与网络新媒体的全方位考核，确保多条育人渠道同向同行、形成合力。

一代人有一代人的际遇，一代人有一代人的长征路。全媒体时代，高校思想政治教育工作者的使命就是通过不断的学习和实践，全面客观地看待全媒体带给育人工作的机遇和挑战，充分掌握全媒体运营的规律、利用全媒体开展教育教学的规律、学生成长成才的规律，因事而化、因时而进、因势而新，推动思想政治工作传统优势同新技术高度融合，努力答好时代答卷，为培养堪当民族复兴大任的时代新人而不懈努力。

21 世纪以来，媒体形式不断变化和创新，出现了新旧媒体并存且快速发展的全媒体新格局。而在全媒体环境下，高校思想政治教育正迎来一系列新的变化、机遇和挑战，为了更好地应对全媒体环境下高校思想政治教育工作的新挑战，高校及教师需要对高校思想政治教育的理论发展与实践探索展开进一步的研究。由秦世成编著的《全媒体传播环境与高校思想政治教育》（2018 年 9 月首都师范大学出版社出版）系统地探究了全媒体传播语境下高校思想政治教育的变革趋势及其发展策略，分析并总结了全媒体传播环境下高校思想政治教育工作开展的有效方法与对策，对推进高校思想政治教育与时俱进发展具有重要的指导和借鉴意义。

五、全媒体传播环境下高校思想政治教育工作的媒体建设

伴随着全媒体传播环境的形成与发展，媒体建设正在成为当下高校教育教学改革与思想政治教育深化进程中的重要组成部分，在高校大学生思想政治教育的教学活动、管理活动和服务项目中，媒体的参与日益频繁且深入。为了更好地推动高校思想政治教育的媒体化发展，也为了高校思想政治教育工作更好地适应全媒体传播的语境，高校及教师应当加快高校思想政治教育全媒体矩阵的建设，掌握高校思想政治教育在全媒体传播语境中的权威话语权，并借助全媒体传播的手段、渠道和平台，提高高校思想政治教育教学的影响力。具体来说，要想做好高校思想政治教育全媒体矩阵的建设，应当做好以下两个方面的工作：

一方面，全媒体环境下的高校思想政治教育工作应当加快以高校为主体的思想政治教育传播平台的搭建，丰富高校思想政治教育工作开展的内容、方式、渠道和平台，拓宽思想政治教育教学的传播范围，增强思想政治教育教学的传播影响力，为高校思想政治教育工作的系统实施和规范开展奠定良好的媒体传播基础，让高校在全媒体传播语境下掌握主动权，积极主动地发出自己的声音。面对来势汹汹的全媒体时代，以及线上和线下各类信息及观点的相互碰撞和冲击，高校、教师和学生不应该就此沦为全媒体时代信息舆论的被动接收者，而应该以高校为主体，搭建属于高校思想政治教育工作本身的媒体传播平台，主动融入全媒体时代，发出高校思想政治教育工作自己的声音，掌握全媒体时代信息传播共享的主动权，树立高校思想政治教育的信息权威，为全媒体时代高校思想政治教育的健康长效开展打下坚实的基础。

另一方面，全媒体环境下的高校思想政治教育工作应当与其他媒介主体形成交流与合作，站在思想政治教育宣传与指导的角度，对全媒体渠道和平台中的各项信息进行整体的梳理、选择、传播和控制，让大学生在高校思想政治教育教学的正确引导下选择性地接受有效的媒体信息，减少全媒体传播在高校校内思想政治教育和文化建设中的负面影响，增强全媒体传播在高校校内思想政治教育和文化建设中的正面影响。

六、全媒体传播环境下高校思想政治教育的管理优化

相对于传统的高校意识形态建设环境，全媒体环境下高校思想政治教育工作正变得越来越错综复杂，要想推进高校思想政治教育工作，高校需要在思想政治教育工作管理机制与策略上进一步优化升级，采取多样化的管理手段，探索全媒体环境下思想政治教育工作开展的有效方法，切实提高高校思想政治教育工作的成效。

第一，全媒体传播环境下高校思想政治教育工作需要明确管理的目标、任务和关键点，面对海量的全媒体网络信息和错综复杂的思想政治教育工作，高校思想政治教育应当始终坚持高校思想政治教育工作的核心重点，引导学生树立正确的人生观、世界观、价值观，并在积极进取的社会主义意识形态建设中，正确看待新形势下国内外的发展格局，促进学

生思想认识的有效提高。第二，全媒体传播环境下高校思想政治教育工作需要引进创新性的教学手段与模式，包括网络媒体传播的手段和设备等，革新思想政治教育的内容，优化思想政治教育的形式，让思想政治教育更好地融入全媒体传播语境中，提高学生对高校思想政治教育的接受程度和理解程度。第三，全媒体传播环境下高校思想政治教育工作应当切实促进高校思想政治教育教学队伍和管理队伍的媒介能力及媒介素养的培养与提升，让高校思想政治教育的教职工队伍更专业规范地推进思想政治教育的改革创新工作，提升全媒体环境下高校思想政治教育工作各措施的切实落地，全面保障高校思想政治教育管理的优化效果。

总而言之，在全媒体环境下，要想保证高校思想政治教育工作的顺利展开，要想应对全媒体环境下思想政治教育工作的诸多障碍与挑战，高校思想政治教育工作者需要准确把握思想政治教育宣传工作的方向，重新梳理和架构高校校内与校外的思想意识形态格局，借助全媒体传播渠道和平台深入学生的学习和生活，优化思想政治教育宣传工作的内容资源和方式方法，总结有效的思想政治教育经验，并协同发展思想政治教育一线教职工队伍的媒介素养和媒介能力，进而全方位保证高校思想政治教育教学与传播水平的快速提升。

七、全媒体传播环境下高校思想政治教育的学生主体性角色

在传统的高校思想政治教育工作中，思想政治教育教学的管理者和教学者往往有着绝对的权威，学生则是被动接受的角色，学生的参与热情不高，学习主动性和积极性逐渐减弱，高校思想政治教育工作的开展未能取得预期的效果。而在全媒体传播环境下，高校思想政治教育工作正在通过全媒体的手段、渠道和平台，积极转变教育管理者和学生之间的不平等关系，突出学生在高校思想政治教育工作中的主体性角色。不仅如此，全媒体传播环境下，高校思想政治教育工作的开展正通过全媒体矩阵的搭建，深入渗透到学生的学习、生活和社会实践当中，全面了解学生的信息接收需求、习惯和特征，进而逐步推进思想政治教育工作的优化设计，切实促进高校思想政治教育中师生的互动与交流，提高高校思想政治教育工作的人性化特征和有效性结果。就全媒体传播环境下高校思想政治教育的学生主体性角色而言，高校及教师需要关注以下思想政治教育工作的挑战及应对措施：

第一，全媒体传播环境下学生的主体性角色被强化，学生的需求和感受有了更多的渠道反馈到高校思想政治教育工作当中，对此，高校思想政治教育的教学者和工作者应当高度重视学生的心声，了解学生在思想政治教育教学活动中的需求和体验，切实优化高校思想政治教育工作的开展、管理和服务，让高校思想政治教育工作真正做到以学生为本、为学生服务。在传统的高校思想政治教育中，学生与教师的沟通渠道少，因为一些客观原因，学生不太愿意主动找教师倾诉，因此很容易将自身的问题与疑惑闷在心里，任其发酵，最终导致有些思想政治教育方面的困惑和问题得不到及时解决，衍生出不好的结果。但是在全媒体传播时代，学生和教师之间的沟通渠道变得开放、多元且具有一定的隐蔽性。

具体来说，在全媒体网络的媒介传播中，学生可以采用匿名的方式与教师进行沟通，方便学生主动将自己的问题和感受真切地表达出来，让教师真正地走近学生，了解学生的真实状态，收集更真实化的思想政治教育反馈数据，进而有针对性地调整思想政治教育的教学内容和方式，以学生感兴趣、对学生有指导价值的教学方式和工作方式对学生产生积极有效的影响。

第二，在全媒体环境下，高校思想政治教育工作面临着外界各项信息与思想观点的冲击，学生不再成为信息的被动接收者。相反，如果高校和教师未能就思想政治教育教学给出有效的、有用的信息，学生很可能会将目光转移到校外，接受校外的信息资讯，进而弱化高校思想政治教育的引导性作用。长期来看，这样的后果显然不利于高校思想政治教育工作的顺利开展。鉴于此，高校与教师应当加快构建师生的平等交互关系，以平等的互动交流方式开展思想政治教育教学的相关互动，提高思想政治教育教学内容与形式的专业性、丰富性和趣味性，主动吸引学生的关注与认同，进而切实增强思想政治教育教学工作对学生产生的影响。

综上所述，全媒体环境下高校思想政治教育工作的开展需要充分了解全媒体教育环境的特征与需求，以学生为本，重视学生在全媒体思想政治教育中的主体性地位，有规划地推进高校思想政治教育在媒体平台搭建、教育教学管理和学生服务等方面的工作，切实解决高校大学生思想政治教育工作中的新问题，提升高校大学生思想政治教育工作的媒介化水平、信息化水平和现代化水平，让高校思想政治教育工作的效率、质量和有效性得到显著提高，真正促进学生在思想政治教育方面的成长与发展。

第二节　全媒体环境下高校思想政治教育的四个维度改革

全媒体不断发展，出现了全程媒体、全息媒体、全员媒体、全效媒体，即"四全"媒体。全媒体时代高校思想政治教育工作创新发展要以"四全"媒体为依托，深刻把握以下四个维度：一是依托全程媒体，助力构建"大思想政治"教育格局；二是依托全息媒体，充分发挥思想政治课的主渠道作用；三是依托全员媒体，扎实推进全员育人；四是依托全效媒体，构建高校思想政治教育传播矩阵。全媒体时代需要将"四全"媒体融入高校思想政治教育改革与创新之中，切实提升高校思想政治教育工作的针对性和实效性。

全媒体时代，信息生产、传播方式不断变化，媒体格局发生巨大变革，全媒体发展过程中出现的"四全"媒体，即全程媒体、全息媒体、全员媒体、全效媒体，正以一种全新的互动性、服务性和体验性等特征融入社会生活的各个领域。全媒体作为高校思想政治教育传播的重要载体，具有鲜明的时代特征，贯穿于高校思想政治教育工作的全过程，为思想政治教育的创新发展创造了重要条件。因此，高校思想政治教育工作要适应全媒体发展所带来的传播技术变革新环境，依托"四全"媒体，推进思想政治教育传统优势同信息技术高度融合，构建"大思想政治"教育格局，充分发挥思想政治理论课（以下简称思想政治课）主渠道作用和师生主体作用，构建全方位的思想政治教育传播矩阵，切实增强高校思想政治教育工作的时代感和吸引力。

一、依托全程媒体，助力构建"大思想政治"教育格局

所谓全程媒体，指的是一个事件从开始到结束，媒体都对其进行跟进，使得事件的每一步进展消息都能即时向公众发布。要坚持把立德树人作为中心环节，把思想政治工作贯穿教育教学全过程，要构建高校"大思想政治"工作机制。"大思想政治"的教育理念需要以全程媒体作为思想政治教育资源传播的主要技术载体，有效融合全程媒体的记录和传播功能与思想政治教育资源，发挥思想政治课的主渠道作用，深入挖掘课程思想政治、校园文化等隐性思想政治教育资源，以信息化形式将思想政治教育融入教学科研、校园文化、社会实践、学生工作之中，助力高校构建"大思想政治"教育格局。

推进高校校园媒体融合发展。全媒体时代，媒体融合是大势所趋，构建"大思想政治"教育格局，首先要推进校园传统媒体和新兴媒体融合发展。高校校园媒体是联系师生的纽带，是高校基层党组织做好宣传教育、舆论引导工作的主要媒介。推进高校校园媒体融合，高校党委要明确校园媒体融合的目标和要求，坚持一体化发展方向，推进校园传统媒体与新兴媒体从相加阶段迈向相融阶段。结合高校思想政治教育工作特点，运用互联网思维重新理清校园媒体融合的思路，形成科学、长效的校园媒体传播管理机制。确立"互联网＋"思维，推进校园内各种教育资源的整合利用，促进教学育人、管理育人、服务育人、科研育人、实践育人，实现全员、全过程、全方位的舆论引导，构建"大思想政治"模式下协同联动的舆论引导机制。坚持党管媒体的原则，坚持管建同步、管建并举，把阵地和人员都管起来。无论是传统媒体还是新兴媒体，都要坚持一个标准、一体管理，借助全程媒体，营造良好的舆论氛围，优化思想政治教育舆论环境，维护高校意识形态安全。要整合校园媒体平台和各类思想政治教育资源，进行统一管理。

第一，整合校园媒体平台。目前，高校各部门、各单位，甚至一些教师都有自己的媒体平台，如校园网、微博、公众号等，但由于力量分散，难以形成合力。因此，高校要以党委宣传部为核心，将校园网、校报、校园广播台、校园电视台、官方微博、微信、客户端等校级、院级及教师个人的媒体平台整合到一起，不仅可以发挥所有平台的教育导向作用，而且可以监督平台的有效运营，也便于学生获取信息，使学生的所有问题都能在这个平台上得到一站式解决。

第二，整合全媒体技术和思想政治教育人才资源。组织计算机和多媒体专业教师、网络信息部门、宣传部等技术人员，组成全媒体技术人才资源库；整合马克思主义学院专业教师、学生处、辅导员队伍等思想政治教育工作者，组成思想政治教育人才资源库。汇聚以上两个人才资源库的资源，利用全程媒体的记录、存储和传播优势，充分发挥其覆盖面

广、针对性强、信息获取便利的特点，打破时空的限制，使学校、家庭、社会的思想政治教育力量在全媒体平台中得到有效整合，共同打造全媒体背景下的高校思想政治教育传播中心。

坚持"内容为王"的原则。依托全媒体构建"大思想政治"工作格局，主要是运用全媒体的传播功能和技术手段，有效转化思想政治教育的内容，提升思想政治教育工作的趣味性和感染力。由于全媒体传播注重受众的参与性和交互性，发布者和受众之间的角色实际上是相互转换的，他们在同一个平台相互讨论、阐述观点、发表意见，受众更希望把有限的时间放在对自己有用的信息上，对阅读的内容和质量都有更高的要求。因此，"内容为王"在全媒体传播中受到越来越多的重视。

第一，必须坚定正确的政治方向。高校的根本任务是立德树人，高校思想政治教育工作要贯彻党的教育方针，解决好培养什么人、怎样培养人、为谁培养人这个首要问题。因此，高校思想政治教育必须始终围绕马克思主义基本原理和中国特色社会主义理论，将马克思主义的立场、观点、方法和习近平新时代中国特色社会主义思想贯穿于教育教学全过程，针对青年学生的特点，对教育的内容进行深入解读和凝练，形成容易被学生接受的知识体系、内容形式和展示风格。同时深入挖掘政治教育、思想教育、道德教育、心理教育等思想政治教育资源，融入中华优秀传统文化成果，深耕校园文化，形成内容丰富、形式多样的思想政治教育教学体系。依托全程媒体技术，转化思想政治教育资源内容的供给形式，增加主题视频和实践课堂产出量，以寓教于乐的形式传递社会正能量，激励学生树立远大理想，勇担时代责任。

第二，思想政治工作要做到以理服人，内容上必须紧密联系大学生的思想实际。思想政治教育的对象是青年学生，他们在学习生活中的思想困惑是什么、理论期待是什么，这些问题都需要思想政治教育工作者深入思考。思想政治教育就是要解决好学生的思想问题。要解决好思想问题，就必须了解学生的思想实际，从他们关切的问题和生活中所遇到的困惑入手，对具有时代性和专业性的思想政治教育内容进行划分、整合，采用专题教学等方式开展有针对性的教育。同时要加强教育引导，在教育过程中，议题设置后，如果没有深入的分析和解读，没有明确的观点引导，就可能引起学生产生更大的困惑。因此，在教育教学过程中，要与学生做深入的情感交流和互动，调动起学生主动参与的积极性，让学生听得懂、听得进去。

二、依托全息媒体，充分发挥思想政治课的主渠道作用

全息媒体包含两方面含义：一方面，当前的媒体信息已经突破传统的物理状态，所有信息的形成、传播、存储等均表现为数据流动；另一方面，全息媒体又表现为新技术的广泛应用，AR、VR、MR 等具有较强表现力的新兴技术手段在媒介产品中应用广泛，从而加速了传统媒体与新兴媒体融合的趋势。思想政治课是落实立德树人根本任务的关键课

程，全面贯彻党的教育方针，就要充分发挥思想政治课的主渠道作用。全媒体时代高校思想政治课以文本语言为主的单一教育模式受到了极大挑战，随着全息媒体技术的快速发展，高校思想政治课教学模式的改革创新迫在眉睫。因此，高校思想政治课既要因势而谋，又要因势而动。运用全息媒体技术推进教学模式改革、课程内容革新与学习方式变革，增强思想政治课话语体系的解释能力和转换能力，让思想政治课既有润物无声的效果，也有惊涛拍岸的声势。以信息技术为助手，创设学生真心喜欢、终身受益的思想政治课。

找准全息媒体技术体验性与传统思想政治课堂的契合点。全息媒体为传统的思想政治课堂提供强大的超时空、跨终端、互动性和体验性等技术支撑，突破了传统教育方式的时空限制。比如，利用 AR、VR 开展场景式教学，让学生有身临其境的体验感。5G 技术正在走进我们的生活当中，其作为基础通信技术，将为全息媒体的发展提供更高的网速，使受制于网速限制的直播、AR、VR 等媒体形式大放异彩。全息媒体技术带来的不是单向式的传达而是交互式的传播，通过立体化、多方位、多渠道的展示，内容更生动、形象更直观，在给学生带来强烈的视觉、听觉冲击的同时，更能激发学生的参与性和互动性，有助于思想政治课教师把具有明显时代特征和深刻内涵的思想政治教育内容、观点借助一些鲜活元素表达出来，赋予思想政治课新意与活力、情感与温度，达到促进互动、建构共识、引起共鸣的"融入式"教学效果。例如，北京理工大学已经建成"重走长征路""青年马克思演说""人类命运共同体"三个虚拟仿真 VR 思想政治课堂。运用全息媒体把思想政治课变成舞台剧。国内首部以思想政治课为主题的大型原创励志音乐剧《追梦·青春》在人民大会堂公演，辽宁省各高校师生通过网络媒体观看了整个剧目的直播，深受感染。《追梦·青春》以大学思想政治课社会实践为情节线索，以展现青春理想为主题，通过四个故事展现工匠精神、延安精神、塞罕坝精神、"两弹一星"精神，完成了一场既有感染力又有引导作用的思想政治教育。参与创作与演出的有近千名师生，从创作、排练到演出通过网站、视频、微博等媒体进行传播和宣传，这本身就是一堂生动的思想政治课。

找准全息媒体技术与思想政治教师队伍建设的契合点。办好思想政治课关键在教师，关键在发挥教师的积极性、主动性、创造性。全息媒体环境下，思想政治教师作为思想政治课的教育主体，要适应信息技术的发展变化给思想政治课教学模式带来的影响与挑战，并以积极的心态学习和掌握全媒体技术，主动融入学生的网络世界，了解网络文化以及学生所处的网络环境、网络舆情的特征和潜在的网络风险等，从而开展更具针对性的思想政治教育教学活动。思想政治教师要提升掌握和运用全息媒体技术的能力。高校既要做好顶层设计，又要抓好基层建设，组织思想政治教师开展全媒体和信息化专业培训，在政策上和硬件设备上给予大力支持。积极组织思想政治教师开展以"微课""慕课"等形式为代表的网络思想政治课堂教学，促进"线上""线下"融合，实现"线上"观看教学视频、扩充课堂知识，"线下"细致讲解与充分互动、研讨相结合。着力打造一批名师在线课程，拓展网络思想政治课的教学渠道、影响力和覆盖面，推动学生从被灌输到主动学习的转变。通过移动通信和数字媒体形成以"弹幕""点赞"等为代表的新型网络话语，实现全员同步互动,让思想政治课堂"活起来",有效激发学生的学习热情,拉近师生距离,达到引导学生主动学习思想政治教育知识体系、掌握马克思主义科学理论内在逻辑的目的。

三、依托全员媒体,扎实推进全员育人

所谓全员媒体,是从传播范围的角度来说的,指的是发挥全社会力量参与,同时积极发动内部全员参与。具体来说,在当前先进的媒介技术生态环境下,每个人都有麦克风,每个人都可以是自媒体。尤其需要说明的是,用户在新闻选择中掌握着越来越大的主动权,这就要求媒体既要利用众包的力量,积极动员更多的用户为媒体做贡献,同时又要积极发动内部员工实现全员参与传播。全媒体时代的思想政治教育工作,教育者和教育对象都可以自主获取大量思想政治教育资源,通过快捷分享和点评、交流,分享彼此的经验、观点,表达个人的想法,消除了传统教育模式中灌输和说理教育的弊端。这就意味着高校的每一位教师和学生都可能成为思想政治教育的主体,通过网络、微博、微信、客户端、自媒体等媒介弘扬中华优秀传统文化、传递社会正能量。在全员媒体环境下,着力提升思想政治教育的工作质量,扎实推进全员育人,要充分发挥专业教师、辅导员和学生干部、学生党员的主体作用。

充分发挥专业教师和辅导员等思想政治教育工作队伍的主体作用。要打造一批具有全媒体素养的高校思想政治教育工作队伍。全员媒体要求教育者首先适应全媒体的环境变化,主动接触和学习,逐步掌握全媒体平台的运用技巧和传播特点。一方面要抓专业教师队伍建设。专业教师要结合专业课特点将其与思想政治教育内容有效融合,将习近平新时代中国特色社会主义思想和社会主义核心价值观教育融入日常教学中,强化自身在课上和课下积极开展"课程思想政治"的意识,提升熟练运用全媒体开展丰富多彩的思想政治教育活动的能力。另一方面要抓辅导员队伍建设。辅导员始终工作在高校思想政治教育工作的第一线,与学生接触最为密切,他们时刻关注着每一位学生的思想动态,对学生最了解也最熟悉。其工作是否到位,直接影响学生的成长和发展。而学生的全媒体"圈子"往往带有隐匿性,存在的问题容易被忽视。因此,辅导员要熟悉运用全媒体开展工作的方式方法,主动融入学生的全媒体"圈子"中,准确把握学生在网络世界的精神状态和思想动向,平等地与学生开展对话,充分尊重学生,对发现的问题及时采取措施,对学生进行正确的教育引导,同时也起到监督管理的作用。

充分发挥学生干部和学生党员的主体作用。高校学生干部和学生党员与普通学生共同生活、学习,熟悉身边学生平时的思想状况和精神状态,同时,作为各项活动的积极参与者,学生干部和学生党员也是对普通学生影响最大的群体之一。因此,发挥全员媒体的育人作用,离不开学生干部和学生党员这一"关键少数"。第一,加强对学生干部和学生党员政治素养和价值观的培养。切实提升他们的道德品质和内在涵养,使其发挥示范引领作用。学校及各学院要定期组织学生干部和学生党员开展提升党性修养、增强服务意识、树

立社会主义核心价值观等学习教育以及志愿服务、社会实践等活动，使学生干部和学生党员不断提升自身的思想政治水平，培养良好的道德情操，充分发挥自身在年级、班级、社团、寝室、网络中的"朋辈优势"。

第二，加强对学生干部和学生党员的媒介素养教育。媒介素养教育就是培养学生对各种媒介信息的解读、批判能力以及在个人生活、学习中正确使用媒介信息的能力的过程。媒介素养是大学生认识媒体、理解媒体、运用媒体能力的体现，也是大学生形成良好的网络行为习惯的重要组成部分。大学生的媒介素养是衡量高校思想政治教育效果的重要指标之一。加强学生干部和学生党员媒介素养教育应做到如下几点：一是要将媒介素养教育和网络行为规范融入日常教育教学。增强学生干部和学生党员的网络分辨能力，强化其政治意识和法律意识，使其能够正确对待网络舆情，不妄加评论、不煽风点火，真正认识到网络并非法外之地，同样要受法律约束。二是引导学生干部和学生党员关注主流媒体。主流媒体承担着重要的宣传任务，其覆盖面广、品牌性强、影响力大。要以学生干部和学生党员为主体，加强对主流媒体内容的宣传和舆论引导，不断扩大主流媒体的受众范围。如通过关注"学习强国"、《人民日报》、新华社、中央电视台、《求是》杂志等代表党和国家喉舌的主流媒体，让学生干部和学生党员养成了解国内国际时事政治和党的方针政策的习惯，主动接受先进人物的先进事迹熏陶，在网络中正确发声，传递社会正能量，从而达到自我教育、自我提升的目的。

四、依托全效媒体，构建高校思想政治教育传播矩阵

全效媒体的内涵如下：一是媒体实现"功能转型"，具有信息传播、社交服务、金融理财、娱乐休闲等功能，"媒体服务"的内涵与外延得到巨大扩展；二是媒体的"传播效果"成为一个综合指数，既包含经济效益又包含社会效益，既注重用户服务又体现思想价值引领，媒体"传播效果"进入追求全面效果的新时代。全媒体时代信息传播不断呈分化发展趋势，用户画像越来越清晰，场景匹配越来越精准。受众的差异化需求也可以利用大数据进行全面掌控。全效媒体使思想政治教育的传播更趋精准化，受众群体更清晰，反馈更迅速，师生互动更频繁。同时利用大数据的系统分析功能，使思想政治教育评价模式更加科学化、人性化。

加强思想政治教育平台和阵地建设。高校思想政治教育工作一贯强调阵地意识和平台建设，全效媒体的不断发展为思想政治课教学平台建设带来了新的变革，网络和移动端的思想政治教育阵地建设也进入一个崭新时代。

第一，建设思想政治课教学新平台和立体化传播矩阵。近年来，以全媒体发展为契机，各高校积极探索思想政治课教学平台建设，打造出一批内容鲜活、资源丰富、形式多样的教育教学平台和特色教学模式。依托全效媒体可以有效推进各高校思想政治教育资源信息共建共享，发挥全效媒体的技术优势和高校思想政治课教育教学的人才优势和资源优势，

建设一个具有综合性功能的思想政治理论课教学平台。例如，由北京市委教育工委、市教委支持成立的北京高校思想政治理论课高精尖创新中心，通过建设马克思主义理论研究和文献支撑平台、思想政治理论课教学资源共享平台、思想政治理论课数字化教学平台、高校思想政治教育质量评估平台和大学生思想动态调查分析平台，为高校思想政治课教育教学提供全方位、立体化服务。通过凝聚国内外马克思主义理论学科顶尖学者，培养优秀的学生和优质的师资，发挥汇聚和培养马克思主义理论研究和教学人才的集装箱和孵化器的功能。

第二，在网络端和移动端共同打造具有广泛影响力的立体化思想政治教育传播矩阵。全效媒体使信息传播更加精准化，高校党建网站和思想政治教育工作平台作为高校宣传党的方针政策、高校党建动态和社会主义核心价值观的主要媒介，要以主流媒体为导向，结合高校党建和思想政治教育工作实际，与时俱进，发挥高校媒体的教育引领作用，坚持社会主义办学方向。要积极建设移动端思想政治教育阵地，以"两微一端"为代表的移动媒体平台已经成为现代青年学生获取信息的主要渠道，做好大学生思想政治工作，高校要适应移动信息发展的新环境，主动占领移动思想政治教育阵地，将丰富的思想政治教育资源通过移动端媒体进行分众传播，做到精准施教。

改革思想政治课教育评价体系。大数据的分析与挖掘功能及云计算、人工智能等技术，通过对海量信息进行收集分析，可以实现教育精准化，了解学生对思想政治教育内容和传播形式的接受程度，利用全效媒体的数据分析功能对思想政治教育的实际效果进行动态监测和客观评价，进一步优化思想政治教育评价体系和评价模式，提高思想政治育人的科学性。

第一，以全效媒体为手段，建立思想政治教育常态化评价体系。高校思想政治教育是一个常态化、系统化的教育过程，坚持常态化评价是促进思想政治教育效果提升的重要一环。因此，需要构建合理的评价方案和评价模型，利用大数据、智慧校园、思想政治教育平台等建设以学生个体和思想状况为因变量、以思想政治教育过程要素为自变量的评价模型，挖掘出对思想政治教育真正产生影响的、潜在的、尚未开发的相关因素指标，进一步优化现行的监测与评价指标体系，科学探寻数据背后的影响因素与作用效果。

第二，坚持以人为本的原则，优化思想政治教育评价模式。全效媒体下的思想政治教育评价方法不仅需要技术进行量化评价，还需要对思想政治教育主客体进行情感评价；既要对教育政策、教育内容、教育模式、教育环境、教育载体等进行研究，又要对主客体的行为特点进行纵向和横向比较分析。建立思想政治教育主客体意见反馈体系，最大限度地将思想政治教育的内容通过全效媒体终端呈现出来，通过思想政治教育工作平台进行教育教学实时记录与统计，通过大数据进行定量分析，对标找差，优化内容输送模式。同时，以人文关怀和人的因素作为评价的逻辑起点，关注和维护师生群体的切身利益、真实需求，尊重思想政治教育的客体特征与个体感受，融入思想政治教育主体的情感评价，凸显"人情味"，真正发挥思想政治育人的提升效应和集聚效应。

第三节　全媒体时代思想政治课翻转课堂教学改革

随着信息网络技术和新媒体技术的快速发展，高校思想政治课的教学模式由过去传统的教学模式逐渐发展成现在的翻转课堂教学模式。教学载体可借助多种新兴技术手段和互动平台，将之运用到高校思想政治教育中来，增强高校思想政治教育的实效性和获得感。

全媒体不断发展，出现了全程媒体、全息媒体、全员媒体、全效媒体，信息无处不在、无所不及、无人不用，带来舆论生态、媒体格局、传播方式的深刻变化。在全媒体时代背景下，借助新媒体技术的教学模式有着更多的优势。例如，可以借助新媒体使书本上的内容更加形象，借助新媒体软件还可以提高教学效率等。在思想政治课的教学过程中，新媒体技术的应用经历了一系列的转变，最终形成了现在的翻转课堂教学模式，在思想政治课堂上得到了推广。

要运用新媒体新技术使工作活起来，推动思想政治工作传统优势同信息技术高度融合，增强时代感和吸引力。全媒体的内涵随着时代的发展不断变化，现在的新媒体有着更多的种类和优势，如微博、QQ、微信、VR 技术、学习强国、微课、微电影、抖音、快手视频，以及一些新闻网站、社交网站等。其中，移动传媒日益成为主流传播方式，人人皆能成为传播主体。因此，思想政治理论课要着眼构建以移动传播为重点、以分众传播为关键、以优质产品为核心的全媒体思想政治教育新体系。极大地丰富开展思想政治工作的手段，创新思想政治教育教学模式，实现思想政治教育路径的拓展、创新和优化。

一、翻转课堂教学模式

在传统的教学模式当中，教师主要在课堂中传授知识，并在课后布置一定量的作业，让学生对学习到的知识进行巩固和实践。翻转课堂的教学模式则恰恰颠倒了这个过程，在课程开始之前，教师将课程内容讲解的视频上传到网络，然后由学生在课前自行学习，记录在学习过程中遇到的问题，然后在上课过程中学生可以彼此探讨自主学习中的困惑，也可以通过教师来解决自己的疑问，这样在课堂上教师的主要工作不再是循规蹈矩地进行知识传授，而是针对学生在学习中遇到的疑问以及学生的学习程度来进行讲解，同时教师还可以在学生理解的基础上深入地分析、总结和归纳。

从翻转课堂的教学模式中可以看出，教师已经不再占据课堂中的主导地位，学生逐渐成为课堂的主导者。教师不再按照课本循规蹈矩进行知识的讲解，而是在学生学习的基础上解决学生的疑问、加深学生的理解，过去以传授知识为主的课堂转变成了现在以答疑解惑为主的课堂。从翻转课堂模式的实践经验来看，相比于过去的传统教学模式，翻转课堂的教学模式主要有以下三个优点：第一，学习时间更加自由，可以根据自己的实际需求自主调整学习的内容和频率，充分提高学生学习时间的利用效率。第二，教师的教学内容更加具有针对性，学生可以在课堂中根据自己的疑问与教师进行讨论，从而加深对知识的理解，增强课堂中教师的教学效果。第三，在翻转课堂的教学模式下，教师可以更加简便地检测学生的学习程度，并有针对性地复习知识，弥补学生在学习过程中有所疏漏的地方。另外，在现代全媒体背景下的翻转课堂教学模式更加多样，教师可以将自己的教学视频上传到微信群等教学平台上来布置作业或者答疑解惑。

二、全媒体时代下的思想政治课翻转课堂教学模式

（一）全媒体时代下的翻转课堂教学模式的应用价值

在全媒体背景下的翻转课堂模式极大地改变了教师过去的教学理念，是现代教育理念探索创新的成果。翻转课堂的教学模式最早由美国的一名高校教师提出并实行，后来因其优秀的教学效果逐渐在教育领域内部推广开来。翻转课堂的教学模式改变了过去教学的流程，学生在课前学习教师上传到网络上的教学视频和资料，从自己的角度理解知识并提出问题，在课堂上同学之间、师生之间探讨彼此的问题，进行思维的碰撞，从而加深对知识的理解。在现在新媒体技术高度发达的条件下，翻转课堂教学模式的学习环境更好，教师可以通过多样的新媒体平台和软件丰富自己的课前教学内容，学生可以在慕课等新媒体教学平台上直接学习教师上传的教学视频，阅读教师推荐的学习资料，还可以在平台的讨论区提出自己的疑问和其他同学进行讨论。新媒体平台还可以借助网络实现课堂上无法实现的效果，并突破课堂上的时间限制，提高教学质量。从翻转课堂模式在高校思想政治课上的实践效果来看，这种新型的教学模式极大地提高了学生学习的主动性，并且使得学生的学习内容不再局限于课本，更加符合现代的时政特点。在一定程度上改变了教师和学生之间的关系，学生开始占据课堂中的主导地位，教师更多地成为学生学习的引导者。教师不再一味地传授自己的观点，而是引导学生对知识产生自己的理解，引导学生主动思考。这恰恰符合了高校思想政治课的教学要求，消除了传统教学模式的弊端。现在我国很多高校的思想政治课都开始采用翻转课堂的教学模式，从其应用过程来看，也的确取得了良好的教学效果。

（二）全媒体时代下的思想政治课翻转课堂教学模式

建立在新媒体基础上的思想政治课翻转课堂教学模式也更加多样起来，在思想政治课翻转课堂教学中借助不同的新媒体平台可以实现不同的教学效果。针对高校思想政治课中具体的课程，翻转课堂在实际应用过程中也应该根据实际情况做出一些调整，使用更加合适的新媒体平台和教学方法。下面主要介绍我国高校思想政治课在应用翻转课堂模式中几种不同的教学模式，它们分别基于不同的新媒体平台以及具体的思想政治课程。

1.基于社交平台与校园网的思想政治课翻转课堂教学模式

在这种教学模式下使用的新媒体主要是社交平台和高校校园网，高校思想政治课的教

师可以通过校园网将课前学习的教学视频和资料上传到学校内部的教学平台。教师可以通过 QQ 群、微信群等方式建立起和学生交流沟通的渠道，并以此来提前收集学生在自主学习过程中产生的疑问，从而在备课时做好准备，以便于在课堂上给予学生更加充分的解答，提高课堂的教学效果。思想政治课教师还可以在学校内部的教学平台上根据最新的时政热点结合教学内容进行分析，以此来引发学生对时政热点的讨论，在这个过程中既提高了学生对国家时政的关心程度，也提高了学生对教学内容的理解程度。另外，微博作为在学生群体中非常受欢迎的一个社交平台，其传递的信息种类多样，可以有文字、图片和视频等，其时效性也非常强，经常引发人们对社会热点问题的大范围讨论，对学生的影响力也很强。因此，在基于社交平台的翻转课堂的教学模式中一些高校教师也在逐渐尝试使用微博来和学生进行沟通并开展视频教学，还建立自己的微话题用来讨论时政热点。

2. 基于慕课的思想政治课翻转课堂教学模式

在慕课这种教学模式中，思想政治课教师将慕课作为学生进行课前学习与讨论的平台。在这个平台中拥有大量国内外名校教师上传的教学视频，其包含的课程非常全面，而且几乎全部免费开放给学生学习。借助慕课这一新媒体网络学习平台来进行高校思想政治课的翻转课堂教学有非常大的优势，教师可以在慕课上建立自己的课程，然后上传相应的教学视频、布置课程作业和检测，还可以便捷收集学生在学习中的疑问。学生在慕课上进行课前学习时，不仅可以学习本教师的教学课程，还可以借助慕课丰富的资源来学习其他高校的思想政治教学内容，综合起来加深自己对知识的理解。基于此，高校思想政治课教师应该更加深入地开发慕课这一平台在翻转课堂教学中的应用价值，高校也应该提倡老师制作精良的慕课教学视频，丰富慕课学习平台的资源。

3. 基于思想政治不同课程的思想政治课翻转课堂教学模式

思想政治课作为高校的公共基础课，这些课程的学习内容和教学特点都有着不小的区别，所以在翻转课堂的实际应用过程中也应该根据具体课程的实际特点加以调整。例如，需要学习的内容对部分学生而言比较艰涩难懂，学生在学习过程中缺乏足够的动力，针对这种情况，在这翻转课堂中，应该使用相应的 APP 平台，这种 APP 除了可以上传教师的教学视频，还可以在课堂中和学生进行互动，增强学习的趣味性。在课程中需要记忆大量的历史性事件，教师在进行翻转课堂教学时可以将"叙述性微课"这一概念引入教学中，通过借助相应的视频来增强课程内容的故事性和趣味性，从而便于学生记忆。课程内容大部分是对现在国家政策和时事热点的分析时，在翻转课堂教学中可以使用微博这一热点汇聚的软件，借助微博的影响充分激发学生对时政热点的关注和讨论，促使学生主动思考和分析，从而提高教学效果。

以 APP 平台为载体，用"教师评价＋线上线下教师培训"实现教师发展，用"海量的资源＋平台＋服务"，全面支撑思想政治课教学改革，包括：精品视频案例，突出"全、精、新、活"四大特点；时事热点跟踪；精品思想政治课件；思想政治讲座直播；图书音像和备课资源库；自建校本优质思想政治资源库；产学研合作，共建共享优质教学资源。

最后简要介绍超星学习通的主要功能：课前：利用海量资源备课、发布调查问卷、发放资料供学生预习、发送课堂学习任务通知、设计课堂教学活动；课中：通过 APP 高效签到、发送测验快速了解学情、发布抢答题、组织课堂讨论、课内资料分享；课后：进行线下讨论交流、发放课后作业并批改、分享资料延伸阅读、直播互动远程答疑、调整教学方案、组织管理线下活动、数据统计反馈。通过超星学习通，可以组织课堂签到、问题抢答、课堂投票、课堂测验、多屏互动、随机选人、资料共享、课堂报告、大数据分析、电子教案、教学评价等，从而激活思想政治课堂，让思想政治课动起来、活起来、火起来，成为教师喜爱、学生受用、学了管用的思想政治课。目前，超星学习通已经服务于全国 100 余所高校的思想政治课教学改革，正在向全国大部分高校推广使用。

4. 基于"APP+VR"平台载体的思想政治课翻转课堂教学模式

VR 是 Virtual Reality 的缩写，VR 可翻译为虚拟现实，是一种计算机仿真系统，可以用来创建并且体验虚拟世界。"用户可以在不同地区通过计算机和电子装置获得足够的显示感觉和交互，似身临其境并可介入对现场的遥控操作。"

在思想政治课反转课堂教学模式中使用 VR 技术，可以将一些学生难以理解的历史事件变成虚拟现实的场景让学生沉浸其中，也可以将一些抽象的概念通过具体的虚拟故事场景解释出来，从而提高学生的理解程度。最后，甚至教师的课前教学视频也可以制作成 VR 的形式，给学生以身临其境的教学效果。例如，在"中国近现代史纲要"课上，为了让学生深刻体会红军爬雪山、过草地的艰辛，可以采用让学生戴 VR 眼镜进入长征情境来了解长征的情境，白雪皑皑的草地上，陡峭的悬崖山路上，跟随红军战士的脚步，体验长征艰难路程，使书本上的文字变得鲜活起来。

2019 年是新中国成立 70 周年，在思想政治课教学实践中，可以将 VR 精品课件"辉煌七十载，共筑中国梦"给学生观看，带领学生在课堂上身临其境地感受这些年来祖国在经济、社会、教育、科技等多个领域日新月异的发展变化，让思想政治课呈现更多的"打开方式"，提升学生在思想政治课上的获得感。

总而言之，思想政治课教师应该将翻转课堂这一教学模式和新媒体结合起来，顺应全媒体传播时代变革，优化思想政治课教育资源配置，充分发挥二者的教学价值，结合不同课程的实际特点选择合适的新媒体平台来提高教学的质量。

第四节　全媒体环境下高校思想政治教育实效性改革

全媒体时代背景下，高校思想政治教育工作既面临挑战，也迎来机遇。对此，本节以深入剖析上海教育系统的有关做法为切入点，以着力构建"学生—学校—政府"递进式互动传播模式为出发点，通过全媒体时代下加强高校思想政治教育关键路径和重点策略的研究分析，努力为新时代加强高校思想政治教育提供兼具理论性和实践性的借鉴参考。

近年来，全媒体快速发展，导致国内舆论生态、媒体格局、传播方式发生深刻变化，使得包括高校学生在内的广大受众在心理、需求、地位等方面发生转变，传统教育引导方式受到严峻挑战。在新时期、新形势的格局下，在新任务、新目标的背景下，全媒体时代应运而生，不容忽视。"全媒体"是指"综合运用多种媒介表现形式，如文、图、声、光、电，来全方位、立体化展示传播内容，同时通过文字、声像、网络、通信等传播手段来传输的一种新的传播形态"。对此，要客观分析全媒体时代高校思想政治教育面临的难点，引导学生通过高速发展的新兴媒介在潜移默化中实现自觉参与、自我教育、自我提高，积极探索提升高校思想政治教育实效性的新路径、好办法。

一、全媒体时代提升高校思想政治教育实效性面临的现实挑战

传播渠道由"单核"到"多元"，教育引导的权威性被弱化。传统媒体时代，信息传播主要通过统一渠道的"单核"输出自上而下抵达包括学生在内的广大受众，信息的接收者和教育的服务对象都处于"被动"接受的地位，心理上被感化，需求上强导入，地位上处末端，这种"单一来源"的信息传播模式与传统教育方法模式一致，往往能得到比较好的教育传播效果。然而，面对全媒体时代自由而广泛的信息输出渠道，学生作为受众群体心理上更自信、需求上易满足、地位上更平等，以"自媒体"为代表的个体话语权不断增强，海量多元的信息内容鱼龙混杂、泥沙俱下。同时，这些片面或者错误的信息往往更具隐蔽性和诱惑性，传播主旋律、弘扬正能量的传统话语体系的权威性不断弱化，心智尚未完全成熟、甄别能力还不强的学生群体受不良信息的诱惑，思想遭到侵蚀，轻则价值观扭曲，重则走极端。

内容呈现由"系统"到"碎片"，内容供给的逻辑性被淡化。传统媒体时代，信息输出的主要形式呈现系统化、集成化，有统筹、有步骤、有计划的内容输出可以在润物无声中有效引导学生循序渐进地学会理性分析、深度思考，久而久之，更有可能形成正确、健康、积极的思维习惯和行为逻辑，达到良好的"育人"效果。全媒体时代，包括时间、空间和内容等三方面信息碎片化无差别呈现。这种状况虽然在一定程度上可以拓宽学生的知识面，但由于这些信息往往缺乏系统性和逻辑性，充斥着各类情绪化的表达，长此以往，会对学生的阅读习惯造成不良影响。学生依赖于信息到达效率最高的网络，思维习惯、情感深度和历史认知趋向浅层，通过网络上大量出现的迎合他们需求的"短平快"视频、音频、图片和短文信息获得视觉快感和内心愉悦，不再追求深层思考，会逐渐导致学生注意力难以集中、思考力不断下降等一系列不良后果，并可能陷入兴趣广泛与爱好不多并存、情绪激动与情感冷漠同在、思维灵活与固执己见并行的窘境。

意见表达由"实体"到"虚拟"，实践检验的规范性被虚化。传统媒体时代，包括学生在内的受众意见表达的渠道非常少，报纸、电视等传统主流媒体发表言论的容量不大，"实名留痕"的要求也让发言者必须承担自己言论带来的后果和影响。随着全媒体时代的

来临，学生在虚拟空间获得了最大限度的自由，他们可以毫无顾忌地输出自我意志和发表个人观点，不再受来自教师、家长和社会的过多限制。同时，这种表达大多不需要承担任何责任，更加激发了他们在虚拟世界中表达自我的积极性。但是，正因为缺乏必要的引导和规范，越来越多的大学生沉迷于从自媒体获得的短暂的快感和虚拟的成就感，不自觉地屏蔽了他们认为"无趣"的说教内容，忽视了作为"社会主义建设者和接班人"理应在社会建设发展中承担的责任，责任意识和自律意识逐渐淡薄、规则意识逐渐丧失，甚至对主流的价值趋向产生逆反心理，成为立德树人工作入脑入耳入心的阻碍。

二、全媒体时代加强高校思想政治教育实效性的关键路径

面对现实挑战，近年来，各地教育系统积极响应中央号召，把握机遇、主动作为，努力提升思想政治教育的质量与水平。在此过程中，如何在思想政治教育传播的创造性转化、创新性发展上充分发挥学生、学校的主体作用是重中之重。对此，我们应当着力构建"学生—学校—政府"递进式互动传播模式，以"自转"带动"公转"，以"公转"服务"自转"，切实把高校思想政治工作传统优势与互联网传播技术深入融合起来，在网上网下同心圆的协同联动下实现全媒体时代高校思想政治教育的新发展、新提升。

搭建学校展示平台，激发"自转"活力，丰富育人维度。注重师生参与，升华文化自信，丰富增强思想政治教育底气的维度，触动心灵深处的情感，才更容易实现教育与人的同频共振。我们要遵循网络传播转化的规律，积极以做强高校自媒体平台来做活思想政治教育工作。比如，2019年5月，上海推出"我和我的祖国"主题快闪活动，组织上海各大高校以本校微信公众号为平台开展网络拉歌接力，以快闪视频的形式庆祝中华人民共和国成立70周年。在复旦大学与上海交通大学的"网络拉歌"活动中，复旦学子唱响《复旦校歌》《青春无悔》和《歌唱祖国》，分别献给迎来114岁校庆的复旦、每一名志存高远的年轻人以及伟大的祖国母亲；上海交通大学师生选择了《我和我的祖国》和《上海交通大学校歌》，礼赞祖国，表白上海。两校知名教授、教师代表及年轻学子在快闪视频中相继现身，伴随着经典歌曲，充分展现两校深厚底蕴和青年学子蓬勃向上的精神面貌，巩固树立文化自信，激发爱国热情。

协同社会主流媒体，提升"公转"引力，提高育人广度。如果说学生和学校的积极互动形成了第一层"自转与公转"的良好传播效果，那么尝试与具备强权威、高速度、广覆盖的社会主流媒体合作，就是高校间协同参与共同围绕思想政治教育"大中心""公转"的一个有力尝试。比如，2018年9月，上海市教卫工作党委协同上海人民广播电台与上海30所高校合作，推出系列短音频《一句·上海高校校训的故事》。以校训为入口，挖掘凝练在各高校校训背后的来历掌故、建校故事、知名校友事迹等，既充满历史厚重感，又生动活泼，具有很强的可听性。上海交通大学篇中提道："在云南大理，年过花甲的孔海南教授，用13年坚守洗净了洱海256平方公里湖水；在大洋深处，凝聚着上海交大智慧

的无人探测器，不断突破极限，探寻未知的海底世界。"短短几句话，便勾勒出一代代上海交大人践行"饮水思源爱国荣校"校训的生动形象，引导大学生对正能量的感悟和追求。

联动线下现场活动，凝聚"品牌"合力，探索育人深度。整合一切可以整合的资源和力量进行聚焦育人，这是全媒体时代加强高校思想政治教育的新动力，也是切实实现"开门办思想政治"的有效途径。比如，近年来，上海以校际联动、区校联动、校社联动、校企联动等"四个联动"为抓手，实施"百千万工程"，着力形成上海思想政治育人的品牌亮点。为庆祝中华人民共和国成立70周年，上海推出了"给'00后'讲讲共和国"演讲展示活动，广泛开展大学生思想政治教育。该活动以"我和我的祖国"为主题，邀请高校领导、知名教授、杰出校友、优秀学生等，结合自身专业特长、教育教学经历、学习生活阅历，通过主题演讲、沙龙讲座、党团活动等方式，将中华人民共和国的历史和成就与高校思想政治教育相结合，让学生懂中国、爱中国。同时，为进一步做精内容、做大影响，上海市教卫工作党委、市教委还于2019年9月举办了"我和我的祖国——上海市教育系统庆祝中华人民共和国成立70周年主题活动《给'00后'讲讲共和国》特别节目"。特别节目邀请了中共一大会址纪念馆副馆长徐明、上海对外经贸大学教授刘光溪、著名小提琴演奏家俞丽拿、国产大飞机C919首飞机长蔡俊以及东华大学党委常委、副校长陈南梁等嘉宾现场演讲。面对来自上海交通大学、东华大学、上海音乐学院等院校的1000多名学生代表，嘉宾们结合自身奋斗历程，回顾中华人民共和国成立70周年来的辉煌成就，帮助学生正确认识肩负的时代责任和历史使命。

三、全媒体时代加强高校思想政治教育实效性的重点策略

全媒体时代高校思想政治教育要不断深入，不断提高工作质量，尊重学生的主体地位，在搭建协同平台、加强传播转化、培育特色品牌上下功夫，形成全员全过程全方位育人格局，切实提高工作亲和力和针对性，引导学生在参与中易接受、有获得。

着力激发学生能量，提升思想政治教育的参与性和获得感。能否调动人的积极性，是思想政治教育取得成效的关键环节，通过内容视角、情感共鸣等多种方式把这种能量真正激发出来，才能取得事半功倍的效果。一方面，在内容视角上既要在宏观层面树立和坚持正确的历史观、民族观、国家观、文化观，又要在微观层面遵循学生成长和发展的规律，满足学生的需求和期待。例如，《一句·上海高校校训的故事》中校训虽然只有几个字，却承载着一所高校几代人的共同记忆，蕴含着深厚的精神内涵，选题角度符合在校师生乃至毕业校友的内心精神诉求。另一方面，在情感表达上要"从群众中来，到群众中去"，充分发挥学生的主观能动性，让学生从旁观者变成参与者、推动者、传播者。如在"我和我的祖国"主题快闪活动中，各高校学生展现了极大的自主性和积极性，或是积极参与拍摄，或是参与后期制作，或是自发浏览、转发，学生纷纷表示，"自己的内容、自己的平台、自己的创意，第一次发现我确实可以为祖国做点事儿，真切地感受到什么是我和我的祖国"。

只有内容与精神同频共振，传统广播与新兴媒体相得益彰，才能够极大地丰富上海高校思想政治教育的内容和形式，提升传播效果，有力助推在全社会形成良好的育人氛围。

大力创新传播形式，提升思想政治教育的针对性和亲和力。思想政治教育要赢得学生认可、取得良好效果，形式与方法的适用性、创造性同样需要高度重视。一是要在传播广度上下功夫，广泛应用多种平台全方位推广内容，扩大覆盖面和影响力，有效抵御不良信息。例如，《一句·上海高校校训的故事》除在广播高峰时段播出外，还在新媒体平台阿基米德 APP 上线，"上海教育"官方微信同步转载；《给"00 后"讲讲共和国》特别节目通过看看"新闻 Knews""话匣子 FM""阿基米德 FM""腾讯·大申网""腾讯教育平台"等新媒体进行了同步直播，总浏览量近百万，打造形成思想政治立体化教育格局。二是要在传播深度上下功夫，专注应用有效平台精准化推广内容，提高内容与形式的契合度，推进落细落小落实。如自媒体传播与"快闪拉歌"这一表现形式属性契合，贴近当代年轻受众的信息接收习惯。复旦大学传媒与舆情调查中心公布的数据显示，上海高校官方微信2019 年 5 月十大高阅读量文章中，"我和我的祖国"主题快闪系列占据了四席，可见这一传播形式为学生所喜闻乐见，拉近了学生与思想政治教育之间的距离，达到了"润物细无声"的思想政治教育效果。

不断丰富成果转化，提升思想政治教育的生动性和影响力。兴趣是最好的老师，也是思想政治教育的重要关注点，学生在哪里，我们的工作就要做到哪里，就要把引导放在哪里，就要把教育放在哪里，而教育要抵达学生内心，更要创新表现形式，符合学生的接受需求。在全媒体时代背景下，更要做精线下，做活线上。此外，除了成果形式"单边"转化，还要进一步探索成果内容"多边"转化，延续品牌效应，形成育人啮合齿轮。我国已于 2020 年全面建成小康社会，届时上海推出"给'00 后'讲讲小康社会"系列活动，在各学校开展各具特色的主题思想政治教育活动，打造"给'00 后'讲讲＋"经典思想政治教育品牌，才能更好地强化资源共享、责任共担、人才共育。

综上，全媒体时代提升高校思想政治教育实效性并非一日之功，更不是千篇一律，要着眼于通俗易懂、表现力增强、覆盖广泛，要因时因势形成思想政治育人资源"中央厨房"，更要因校因人不断提高思想政治育人科学化、规范化、制度化水平，才能有效发挥"公转"与"自转"相契合的齿轮效应，汇聚正能量、振奋精气神。

四、全媒体时代高校思想政治工作创新探讨

全媒体时代背景下，高校思想政治工作以更为丰富的教育资源作为根本，对师生的精神生活产生了很大影响，如何以全媒体背景作为基础，深化改革传统高校的思想政治工作模式是我们当前需要积极分析的问题。下文重点分析全媒体时代下高校思想政治工作的创新路径，希望本节内容可供思想政治工作者参考。

以数字化技术作为基础的新媒体带动了社交网站、微博、移动客户端的广泛应用，新

媒体迅速发展是大众在信息获取和互动上的方式在不断发生变化，这种情况的持续发展对大众的思维形式和行为模式产生一定影响，基于此，想要实现高校思想政治教育工作目标，作为思想政治工作者需要积极创新工作模式，促进思想政治教育内容丰富发展，为高校思想政治工作模式的改革提供更大可能性。

整合思想政治教育资源。第一，整合师生力量。师生力量的整合不是对二者的机械累加，而是实现思想政治教育在二者之间的有效渗透，具体来说，就是发挥教师对学生教育和指导的作用。思想性和学术性方面的培训由学校党委宣传部门和思想政治理论教学部门共同负责，信息技术服务和管理中心肩负起技术培训任务。第二，整合传统媒体和新媒体资源。传统媒体资源应用过程中应该积极借鉴现代媒体技术优势，比如讲座。传统的思想政治教育资源传播方式受空间和时间局限比较大，因此受众有局限性；新媒体技术可以实现网络在线思想政治教育，以文字、图片和视频方式组合资源，突破时空局限，使受众能够更为广泛地接受德育。第三，管理资源整合。全媒体现代高校思想政治工作中还没有被管理者和广大教师熟悉，因此在管理环节上相对薄弱，整合管理资源力量，有利于使全媒体的优势得到充分发挥。比如，学校安保部门可以负责处理大学生投诉的全媒体不良信息，鉴定后存在危害性的信息要上报主管部门。

推进思想政治教育队伍建设。高校思想政治教育工作开展过程必然需要教育人员队伍作为支撑，因此当前基于全媒体形式建立新型的高校思想政治教育工作团队是非常重要的，尤其是互联网时代发展进程中，高校思想政治教育工作者需要掌握理论知识以外的更多管理方法和技能，具备创新工作意识，以高水平的工作能力完成思想政治工作任务。高校在组建高素质思想政治教育人员队伍的过程中，要积极完善学校的招聘、管理、培训工作制度，提升思想政治教育工作岗位的聘用门槛，最大限度减少思想政治工作岗位出现任人唯亲和随意选派的现象，提升高校思想政治教育工作人员队伍的专业水平。此外，加大人员培训力度，促进理论学习和实践参与的有机结合，将学术交流、研讨会以及座谈会等多种培训形式结合起来，引导高校思想政治教育工作者全面了解思想政治工作前沿理论，全面提升自我专业素养和管理能力，发展创新意识，成为高等教育事业的服务者和支持者。

创新高校思想政治教育工作方法。首先，高校思想政治工作方法要切合实际。结合大学生的就业问题、情感问题等在高等教育进程中常见的问题，选择合适的思想政治教育方式参与实践工作，以全媒体发展背景作为基础，结合大学生的实际需求，给他们的就业提供有价值的指导和帮助。其次，思想政治工作方法要具有人性化特征。作为思想政治教育工作者，应该耐心关注学生的实际需求，积极采纳学生给出的意见和建议，平等对待每一位学生，给学生提供耐心的指导，不能把自己的主观意愿强加给学生，让学生在思想政治教育活动参与过程中处于被动地位。再次，促进高校思想政治教育方法多样化发展。立足现代移动终端设备，高校思想政治教育工作方法需要实现转变。以多样化的社会实践活动引导大学生发展优秀的意志品质，提升社会适应能力，锻炼学生的团队意识和吃苦耐劳的能力，引导大学生由被动接受教育转变为自我约束和评价、提升。

创新思想政治工作评价机制。目前很多高校思想政治工作评价机制存在不完善的实际问题，这使得高校思想政治教育工作面临难以突破的现实困境，为了解决这一问题，建立健全高校思想政治工作评价机制就是我们当前的重要工作。首先，促进自我评价和相互评价的有机结合。互评模式突破了传统评价机制"一次性评价"的局限性，形成了互动性反馈评价模式。全媒体发展形势给互评机制应用提供了更大可能性，教师对学生实施直接评价并且学生可以得到反馈；另外，学生之间进行互评。将自我评价和互评方式结合起来，教师可以明确自身组织思想政治工作的水平，学生可以清楚地知道自己在思想政治学习中的具体水平。其次，线上评价与线下评价相结合。传统的高校思想政治教育评价模式以线下调查问卷的形式开展，比较耗时耗力，结果分析工作量比较大。全媒体给我们提供了新的工作思路，展开线上评价能够突破以往线下评价方式的局限性，将线上和线下评价方式有机结合起来。第一，线上评价，针对调查对象能够不受时间和地点局限，统计数据结果以统计学方式展开分析，获得分析结果的过程被简化了，省去很多人力和物力。第二，线上评价方式体现了对学生主体性关注，有利于调动学生参与调查的积极性和主动性。将线上和线下两种方式有机结合起来，可以帮助优化高校思想政治工作评价效果。

全媒体时代背景下，高校思想政治工作开展面临新挑战和新契机，结合媒体技术优势，我们尝试立足高校思想政治工作目标落实需求，创新工作模式，同时也要接受来自媒体浪潮下的多元化思想、意识的影响，转变传统高校思想政治教育的劣势，全面优化思想政治工作方法，体现全媒体时代高校思想政治工作的创新性。本节尝试以全媒体时代作为背景，分析高校思想政治工作开展的创新路径，希望本研究观点可供参考。

随着全媒体时代的来临，社会思潮的传播呈现出传播内容多元化、传播方式立体化、传播范围全球化等新特征，对大学生的思想道德建设和世界观、人生观、价值观的形成造成巨大冲击，给高校思想政治教育工作带来了新的挑战。应对全媒体时代社会思潮的不良影响，必须大力增强思想政治理论课的主渠道作用，适时打造全媒体思想政治教育平台，不断加强高校意识形态队伍建设，推动社会主义核心价值观对社会思潮的引领作用。

做好高校思想政治工作必须关注全媒体时代所引发的多元社会思潮及传播。全媒体是指融合文字、图像、语音、动画和视频等多媒体介质的综合传播形态，具有广角度覆盖、全时空渗透、精准化推送、多终端传输等突出特征，它颠覆了传统意义上点对点式的信息传播模式，能够在极短时间内形成舆论风暴，使得社会思潮传播影响呈现新特征新动向。大学生作为全媒体的主要受众群体，其价值观极易被社会思潮所裹挟，社会思潮对大学生思想道德的影响已远超任何历史时期，这给高校思想政治教育工作提出了新的时代命题。

六、全媒体语境下社会思潮的传播特点

全媒体以其信息传播的双向互动性、传播瞬时性、载体多元性等特征，对社会思潮传播的助推作用是传统媒体无法比拟的，甚至在很大程度上改变了社会思潮传播的速度、广

度和深度，双向搅动了现实生活舆论场和虚拟网络舆论场，在传播内容、传播方式和传播时效等方面具有鲜明特征。

（一）社会思潮传播内容日趋多元化

全媒体充分融合吸收了人际传播、大众传播和网络传播的优势，通过电脑、手机、电视和传统媒介等多类型终端为用户提供信息服务，内容来源十分广泛，极大地增加了传播内容的信息载荷。全媒体语境下，社会思潮在话语表达上实现了由政治性、抽象性到去政治性、通俗性的语态转向，许多社会思潮观点潜藏在段子语言、数据量表、视频短片等载体上，以"披露真相""史实爆料""解密档案""发掘花边新闻"等为噱头，借以最大限度地吸引社会大众的眼球和关注度，不断增强社会思潮传播内容的吸引力。另外，社会思潮的传播内容不再聚焦理论和说教，而是往往聚焦百姓收入、房价、教育、医疗等现实社会热点问题，并力图从不同视角对这些问题的成因、发展和解决"兜售"自己的观点，进而实现输出价值观的目的。

（二）社会思潮传播方式呈现立体化

全媒体的信息传播模式，是集影、音、图、文等多种媒介为一体，具有集成、兼容、立体的传播特性，它深刻地改变了社会思潮传播逻辑和人们信息接收格局。社会思潮传播逐渐趋向时代化、大众化和立体化，彻底改变传统意义上"权威发声""我说你听"的单向传播结构，使得信息内容能在极短时间内实现多点齐发、动态演绎的全时空传播效果。特别是随着移动互联网的普及，许多社会思潮观点被包装成短小精悍的图片或视频，充分迎合了当前人们浅层阅读的习惯和特质，轻易跨越了不同年龄层面代际的知识语境鸿沟，能够在短时间内抢占社会大众的注意力，并对社会舆论的形成起到推波助澜的作用。同时，许多社会思潮观点充分借助全媒体进行分众传播、小众传播和个性传播，诸如通过门户网站、微信账号、微博账户和APP客户端等，实现分群体分时段地对传播信息的精准推送、个性化推送和"订餐式"服务。

（三）社会思潮的传播范围愈加全球化

伴随信息化时代的到来，人们借助移动互联网能够方便快捷、随时随地接收来自全世界的信息。全媒体突破了传统媒体传播内容制作周期长、成本大、推送滞后等时效性壁垒，为社会思潮传播内容即时制作、即时传送、即时更新提供了便利条件，也让社会思潮的影响力不再仅仅局限于某一特定区域，彻底打破了信息传播内容制作、发行等时空因素的制约。同时，全媒体空间的多元性和开放性极大地推动了社会思潮在时间和地域上的全球覆盖，极大地提高了社会思潮传播的广度、深度和宽度。

六、全媒体语境下多元社会思潮对大学生思想政治教育的负面影响

全媒体多点齐发、交叉双向的"裂变式"传播方式，使得信息传播方式更随意、更隐蔽、更多样，强化了社会思潮对大学生的作用和影响。

（一）从教育对象来看，多元化社会思潮影响大学生社会主义核心价值观的形成和树立

当前大学生的主体是"95后"甚至是"00后"，他们过分依赖网络化的生存方式，价值观念也更为多元。在全媒体普适性、隐匿性和新颖性的语境下，当前社会思潮传播不再像20世纪七八十年代的社会思潮传播那样有着明显的指向性和针对性，而是把理论观点植入在影视剧、网络公共课、讲座视频、网络文章等传播载体上。由于大学生的世界观、人生观、价值观尚未最终定型，大学生对传播内容里充斥的大量极具迷惑性的消极内容、错误观点缺乏有效甄别，往往被其中渗透着的西方错误社会思潮所影响。

（二）从教育主体来看，多元化社会思潮干扰高校思想政治教育工作的目标和成效

新形势下高校思想政治工作具有极端重要性。高校思想政治工作关系高校培养什么样的人、如何培养人以及为谁培养人这个根本问题。坚持把立德树人作为教育的中心环节，培养德智体美劳全面发展的社会主义事业建设者和接班人，是现阶段我国高校思想政治教育的目标，也可看作是检验高校思想政治工作成效的重要标志。

七、创新全媒体环境下大学生思想政治教育的实践路径

做好高校思想政治工作要遵循思想政治工作规律，遵循教书育人规律，遵循学生成长规律。在全媒体环境下，针对多元社会思潮对大学生思想道德造成的负面影响，必须深入研究社会思潮的特点和传播规律，在坚持社会主义核心价值观引领的前提下，引导大学生深刻认识社会发展的客观规律，不断创新新形势下大学生思想政治教育的实践路径。

（一）充分发挥思想政治理论课的主渠道作用，增强社会主义核心价值观的育人实效性

作为对大学生进行思想政治教育的主渠道，思想政治理论课要结合中国国情、社会实际和"95后"学生特点，通过研究大学生的学习兴趣和社会思潮的传播规律，适时调整授课内容、授课方式、授课节奏和授课载体，有计划地把社会主义核心价值观有机融入思想政治理论课，深入浅出地引导大学生深刻理解和把握社会主义核心价值观的内涵和真谛，教育大学生掌握和运用马克思主义的立场、观点和方法，同时正确认识社会思潮的来源和本质，提高科学理性地批判各类错误思潮的能力，最大限度地在大学生群体中形成社会共

识。特别是要针对全媒体语境下大学生的接受方式，积极探索创新多样化的思想政治理论课教育渠道，充分整合利用微电影、微视频、广播、电台、书籍报刊等载体优化教学环境，实现课堂教学对社会思潮的利益整合、道德整合、思想整合和价值观整合。

（二）全力打造全媒体思想政治教育平台，不断提高主流价值理论的吸引力和说服力

全媒体时代的信息传播模式彻底增加了人们的社会交往方式，改变了大学生的信息接收方式和自我表达方式，对高校思想舆论引导提出严峻挑战。因此，全媒体视域下的高校思想政治教育工作亟须打造全媒体思想引领平台，既要促进校内媒体的资源融合发展，还要加大校外媒体的思想政治功能转化。一是创新全媒体管理机制。按照网络生态和运行规律，要综合运用法律手段、技术手段和市场手段，加强高校网络安全管理，完善高校网络信息内容监管机制，让网络空间成为激发正能量的坚强阵地。二是建设优质的网络思想政治课。邀请全国社科领域的名家大家，以慕课、翻转课堂等多种形式不断丰富线上思想政治教育资源，全面实现思想政治理论课进网络进头脑。三是推动新媒体与传统媒体融合发展。充分发挥新媒体和传统媒体的各自优势，实现优势叠加、资源互补、创新发展，不断拓宽全媒体思想政治教育工作领域。

（三）切实加强高校意识形态队伍建设，进一步完善高校全媒体舆论阵地的管控和反应机制

全媒体改变了高校舆论阵地的格局，多元社会思潮给高校意识形态带来严峻考验，基于"人才是第一资源"的考量，抓好高校意识形态队伍建设则是重点领域和关键环节。一是着力构建专兼结合的意识形态工作队伍。按照党和国家对思想政治课教师、专职辅导员和班主任等有关规定和要求，选优配强校、院两级相关专兼职人员，密切关注网络舆情的变化、态势和走向，打造全天候、全方位、全覆盖的意识形态工作队伍。二是不断扩大网络评论员队伍建设。大力培养网络意见领袖，逐步构建以宣传部门、学工部门和学生骨干等为主体的宣传思想工作网络，同时在广大师生、校友及友好单位中广泛选拔壮大志愿者队伍，弘扬主旋律，传播正能量。三是不断加大对高校意识形态队伍的培训力度。通过定期开展学习研讨、理论研究和实践培训，有针对性地对高校意识形态队伍进行系统的政策培训、理论培训、技能培训和纪律培训，不断提高高校意识形态队伍的整体实力，以适应全媒体形势下的高校思想政治工作要求。

第五节 传统文化在高校思想政治教育中的价值及实现

中国传统文化源远流长、博大精深，它承载着中华民族的血液，也是我们所有中华儿女得以凝聚的精神纽带。中国传统文化在历史文明进程中从未有过中断，经过了数千年来的扬弃和积淀，它根深蒂固地植入了中华儿女的思想和行为中，在潜移默化中影响着我们的经济、政治和生活。中国传统文化作为思想政治教育的重要资源，蕴含着丰富的哲学思想和人文精神，但是在如今的高校思想政治教育中却颇有缺失，没有充分发挥传统文化在思想政治教育中的重要作用。本节就目前高校思想政治教育中所面临的问题以及中国传统文化在思想政治教育中的价值，做简要探析。

一、传统文化的概念及特征

传统文化的概念。传统文化由"传统"和"文化"两个词语组成，其中传统主要是指对前人社会经验的传承和统一，是具有自身特点的社会历史经验的总结。例如一些社会风俗、思想观念、民间艺术等。而"文化"一词是19世纪从西方引进的，《辞海》中对"文化"的界定为："从广义上来说，指人类社会历史实践过程中所创造的物质财富的总和。从狭义上来说，指社会的意识形态，以及与之相适应的制度和组织机构。"然而，历史上出现过数以万计的文化流派，它们之间不断地交流、整合，不断地发展、流传。综上，在历史发展过程中形成的并保留在现实生活中的、具有相对稳定性的文化即为传统文化。传统经过历史的积淀、传承，具有中华民族特色并且可以展现中华民族风貌。

传统文化的特征：包容性和多样性。中华民族是一个多民族国家，多元性和混合性的民族特征为中国传统文化的包容性和多样性奠定了基础，同时多元的文化也为传统文化的包容性提供了前提条件。举例来说，在秦汉时期，秦始皇完成了大统一，在统一六国之后，实施了一系列改革措施，例如统一文字、统一货币等。而汉武帝后，大力提倡儒家文化，鼓励对外交流学习，丰富完善自身文化。中华传统文化的主线儒家文化由孔子创立之后，经过董仲舒的发展，更是形成了儒家、佛教、道教文化共存的局面。中国传统文化的包容性不仅仅体现在本民族内各种文化的相互交融、不断同化，更体现在对外来文化的吸收借鉴，这也是中华文明生生不息、源远流长的根本原因所在。

传承性和创新性。中国的传统文化是一脉相承的，人类文明史上的四大文明只有中华文明从未中断，一直延续至今。在文化不断继承发展的同时，并不是一成不变的，而是与时俱进、不断创新的，是顺应不同历史时代发展的。传统文化在发展过程中，也曾遇见过多次挑战，在漫长又曲折的发展中，不断地注入新鲜血液，确保了中国传统文化的不断完善和成熟。

生命力和凝聚力。正是因为中国传统文化的包容性、传承性、创新性等特征，才能够使其一直具有顽强的生命力，在近六千年来的人类文明中一直延续不衰。中国传统文化具有十分强大的凝聚力，这种凝聚力的主要表现形式是以爱国主义为核心的民族精神。在爱国主义精神的引领下，中国人民不畏艰难险阻、自强不息。自古流传下来众多的伟大爱国事迹，它们无一不时刻教诲着我们顽强拼搏、勇往直前。

除了上述特征之外，传统文化还有民族性、开放性等特征，在此不做具体讨论。面对传统文化，我们要做到取其精华、去其糟粕、批判继承、推陈出新。在社会主义文明下，对优秀的传统文化要做到古为今用，认真学习其中丰富的内涵，为当下高校的思想政治教育提供优质教育资源。

二、传统文化在高校思想政治教育中的价值

传统文化融入思想政治教育中的必要性。高校思想政治课开设的最终目标是培养具有优秀道德品质、树立正确三观的大学生，而就目前情况来看，教育目标与现实情况仍有一定距离。在当代大学生群体中，不乏盲目从众、肆意攀比、社会责任感薄弱等不良现象，如此种种必然会影响大学生的全面发展。优秀的传统文化是我们中华民族整体智慧的结晶，是中华传统美德的集中体现，每个中华儿女都在这样的文化背景下成长，大学生更应当继续发扬和传承传统文化。因此，我们必须将优秀的传统文化转化为高校思想政治教育的重要资源。

传统文化与思想政治教育结合的可能性。中国的传统文化是从古至今延续下来的，在不同的历史发展阶段都起着重要作用，在面临各种外来文化冲击、信息快速传播的当下，思想还未完全成熟的大学生群体很容易受到影响。文化虽然是被人们所创造的，但同时也对人们的自身发展起着反作用。中国传统文化中蕴含着丰富的教育资源和教育功能，与高校的思想政治教育目标接近、内容互补、方法相似，使二者的结合具有可能性。

教育目标接近。在中国传统文化中我们注重强烈的爱国主义精神、高尚的思想道德修养以及强烈的社会责任意识等。如范仲淹的"先天下之忧而忧，后天下之乐而乐"；顾炎武的"天下兴亡，匹夫有责"；《周易》中的"天行健，君子以自强不息"；《论语》中的"言必信，行必果"等。在当代大学生思想教育中，我们注重大学生的思想品德，培养大学生树立正确的三观，明确发展方向，这一点与传统文化的教育目标是一致的。

教育内容互补。中国传统文化中的道德修养和爱国情怀为大学生思想政治教育奠定基础，并以马克思主义为指导，用一定思想观念、政治观点、道德规范对大学生进行思想引导。传统文化之所以经久不衰就是因为其在传承过程中也在不断吸收新鲜血液，顺应时代发展。因此传统文化和思想政治教育内容互补、相互借鉴。

教育方法相似。无论是传统文化教育还是大学生思想政治教育，理论灌输和榜样教育都是必不可少的。如孔子提出"其身正，不令而行；其身不正，虽令不从"，随着社会的进步发展，可能会出现更多的教育方法，但是理论教育和利用先进人物事迹进行的榜样教育都不会被历史淘汰。

传统文化在高校思想政治教育中的价值。传统文化为高校思想政治教育提供教育资源。优秀的传统文化可以开阔教育者的视野，扩大高校思想政治教育内容。首先，爱国主义精神是民族精神核心，是中华民族克服外患、实现统一、不断发展的精神支柱。在中国历史发展长河中，多少英雄志士为国家赴汤蹈火、牺牲自己，多少英雄为国捐躯！爱国主

义始终是把中华民族坚强团结在一起的精神力量，改革创新始终是鞭策我们在改革开放中与时俱进的精神力量，因此爱国主义是传统文化的核心，也必定是高校思想政治教育的核心。其次，中华民族历经磨难，最终昂首站在世界前列，其中自强不息的伟大精神是我们积极进取的不竭动力。再次，和而不同的和谐思想告诉我们，既要坚持自己的原则也要听取不同的声音，尊重差异，做到求同存异。最后，克己修身、诚实守信等都为思想政治教育提供丰富资源。

传统文化为高校思想教育提供有效的教育方法。对大学生进行思想政治教育，根本目的在于将符合社会发展的思想观念、道德观点和道德规范教授给学生，并且能够使其内化为自身的品质，自觉地转化为行为。在传统文化中，"吾日三省吾身"的内省方法告诉我们要时刻反省自身，不断促进自己的进步。"有教无类"的教学方法告诉我们对待所有的学生都要一视同仁，每个学生都有学习知识的权利，针对不同的学生，要做到"因材施教"，针对不同教育对象，要制订不同教育方案。在传统文化中，"知行合一"是判别一个人好坏的标准，也就是说并不是知道了什么是道德，就可以成为一个品德高尚的人，重要的还在于"行"，因此在思想政治教育中，我们不仅要"听其言"，更要"观其行"。

传统文化引导大学生树立正确的世界观、人生观和价值观。大学生尚在发展阶段，其科学文化素养和思想道德修养都处于不断完善的过程中。如今的信息化时代使大学生面临着多元文化的冲击，更有可能受到一些不利于大学生正确三观培养的腐朽文化的侵蚀。但是，优秀的传统文化可以为大学生提供丰富的道德榜样经典，培养大学生的民族精神。底蕴深厚的传统文化也可以为大学生创造浓郁的文化氛围，潜移默化地塑造大学生的精神风貌，引导大学生树立正确的世界观、人生观和价值观。

三、传统文化在高校思想政治教育中的问题及原因分析

传统文化在高校思想政治教育中的存在问题。

传统文化在高校思想政治教育中教育机制过于单一。目前，高校的思想政治课程主要包括《思想道德修养与法律基础》《中国近代史纲要》《马克思主义基本原理概论》《毛泽东思想与中国特色社会主义理论体系概论》和《形式与政策》，这些公共课程教育意义明显，但其中涉及传统文化的课程少之又少，仅有一些高校开设相关选修课程。在教学方式上，大部分都是理论灌输，教育者与受教育者界限清晰，单向灌输很难将传统教育深入人心。

大学生对传统文化认知程度不高。现在每年都有数以百万计的大学生毕业，大学生面临着严峻的就业形势和巨大的生活压力。在当今的教育中，大家普遍重视科学文化素质的提升，将知识技能放在思想道德之前。音乐、戏曲、习俗、节日等都是优秀传统文化传承的载体，而就传统节日来看，在大学生群体中，西方节日如圣诞节、情人节的火热程度都超过传统节日。此类现象也值得引起我们的重视和思考。

大学生传统美德观念薄弱。传统美德是传统文化的精髓，尊老爱幼、诚实守信、乐于

助人、勤俭节约等都是中华民族的精神财富。但是，如今大学考试中学生作弊现象屡禁不止，公共场所一些大学生不注意个人行为举止，同学之间互相攀比甚至出现严重的利己主义和拜金主义。种种行为现象都反映出部分大学生不注重自身传统美德的培养和学习，导致价值观念偏离正轨。

传统文化在高校思想政治教育中存在问题的原因。

高校对传统文化的忽视和思想政治教育课程模式的弊端。在我国现行的教育体制之下存在许多矛盾，高校和学生都过于追求就业和专业技能的提升，认为传统文化的传承与发展与自身关系不大，甚至毫无关联。而且在目前思想政治教育中，教学课程简单并且不受学生重视，其中传统文化内容少之又少，都影响着传统文化在思想政治教育中作用的发挥。

社会转型期及多元文化的冲击。改革开放后，我们的整体社会风貌都发生了巨大变化，无论是衣食住行还是思想文化，无一不受外来文化影响。我国正处在社会转型时期，经济发展迅速，多元文化并存，而大学生的思想尚未发展成熟，很容易受外界影响。另外，现在是信息化时代，网络的渗透更是时刻影响着大学生的思维方向，如此种种均对大学生的思想发展有不同程度的影响。

四、传统文化在高校思想政治教育中的应用途径

改变现状，提升高校对传统文化的重视程度。

调整课程体系，强化思想政治与传统文化课程重要性。在高校课程体系中，思想政治课属于公共课程，然而在高校的教育工作中，思想政治课往往处于一个边缘化位置，受到其他教育工作者和学生的忽视，更不用说传统文化课程。因此，高校要加强对传统文化的重视，调整课程体系，将传统文化融入思想政治课程教育中，并纳入必修课程中，编订针对性教材，将中国传统文化合理地融入教育教学当中。

提高高校学生对传统文化的认知程度。学生作为受教育者，是知识传播的客体，因此加强学生对传统文化的认知，增强传统文化在大学生中的地位和影响力异常关键。大学生作为未来社会的接班人，理应加强自身道德素养，继承传统文化中有利于自身发展部分，培养责任感和使命感，认真学习知识和技能，从而为建设更美好的国家贡献力量。

加强高校师资力量建设，组建高素质、专业化师资队伍。教师是传道授业的主体，在课程教学上占主导地位，因而教师的素质水平非常重要。一方面教师要有师德，有正确的教育观、质量观和人才观，在工作中勇于探索创新，尊重学生人格，不断提高自身思想政治素质和业务素质，严格要求自己，以身作则；另一方面，教师需要有丰富的专业知识，有深厚的传统文化素养，并且能够对中华传统文化进行科学专业的解读，将专业知识融入日常教育教学当中。真正将传统文化带入课堂，带入学生心中。

创新高校思想政治教育模式，拓宽传统文化应用渠道。

大学生课堂教育与自我教育相结合。学习是个双向互动过程，对传统文化的学习，大

学生不仅要通过课堂学习方式，还要加强自我学习的积极性，将自我教育与课堂教育结合起来。大学生可以通过阅读与传统文化相关的书籍、观看相关电影，并且将观看后的想法记录下来的方式，与其他同学交流。因此，传统文化教育工作者要制定激励措施，鼓励大学生自我教育的积极性，提高大学生自我教育自我成长的热情和信心。

打造特色传统文化课程。2001年央视科教频道一档《百家讲坛》节目红遍大江南北，节目中邀请很多传统文化教育工作者给观众带来传统文化大餐。这个对打造高校传统文化课程很有借鉴意义。高校应多开设类似的讲授中国传统文化的课程，鼓励学生积极参与；多举办一些文化讲座、论坛，并且逐渐使其制度化、规范化；同时我们需要增加传统文化课程在总课程中的比重，培养受教育者的文化内涵。教育者要紧随时代发展的步伐，将传统文化融入实事中去，使课程生动新鲜，具有借鉴意义。

丰富教育方法，积极开展实践活动。

在教育方式上，我们可以博采众长，创新手段，努力寻找新颖的教育方法。除了日常的课程灌输，我们可以采用榜样激励法，在学生中进行传统文化知识竞赛、传统人物故事系列主题演讲等方式，对在活动中表现优异的同学给予奖励、颁发奖状。另外，高校可以组织课外实践活动，例如参观当地历史文化古迹、纪念馆、博物馆等。通过亲身体验，增强对传统文化认同感，提升民族自尊心和自信心。只有将课堂知识融入实践活动中，才能获得更加深刻的理解。

充分利用多种方式，加强思想引导。

探索网络平台，开展网络教育。网络时代飞速发展，人们的生产生活等各项活动早已离不开互联网，如今的网络可以更加快捷全面地获得各种信息。如今的大学生是伴随着互联网成长的一代，更加容易接受新事物，因此我们要抓住"互联网+"这个契机，利用互联网这个平台，打造传统文化传播的新途径，发挥网络作用。创办相关网站，将理论变为视频、音频这些更容易被大家接受的方式。当然，教育工作者要熟练掌握网络技术，及时指导，避免负面信息对学生造成不良影响。

借助新媒体，提高传统文化影响力。如今，广播、报纸、电视早已满足不了人们获取新鲜事物的要求了，微博、微信等新媒体在大众传媒中的地位日益举足轻重。如今几乎人人都有微信，关注各种微信公众号，这为传统文化在高校中的传播提供了契机。高校可以建立传统文化相关公众号，搜集名人典故、传统文化常识、历史典故等，使大学生能更加方便快捷地接受文化熏陶，培养文化内涵，增强传统文化的认同感和自豪感。

中华传统文化是数千年来经过历史洗礼和积淀的优秀文化，也是无数学者的智慧结晶，虽然如今社会已经发生了翻天覆地的变化，思想也得到了空前解放，但是传统文化对我们的影响仍无处不在。我们应该在继承中对其不断发展、创新，使中国传统文化更好地进行传承。

本节就传统文化的内涵、特征及其在当代高校思想政治教育中的重要作用和价值体现做一探讨，分析了高校思想政治教育中出现的问题及其原因；列举了传统文化与思想政治教育结合的几种途径和原则。传统文化是思想政治教育中丰富的教学资源，思想政治教育者仍要不断地探索二者结合的有效方法，使传统文化在思想政治教育中的价值得到更好体现。

五、调解文化蕴含的高校思想政治教育资源

从资源的属性上来看，调解文化源远流长、经久不衰，蕴含了丰富的思想政治教育精神资源。高校思想政治教育精神资源，是相对于财物资源、时间资源等物质资源而言的，是能够被高校思想政治教育开发利用的个人、群体、社会的价值意识和心理素质等因素的总和，是一种无形的、可共享和可再生的资源，具有能动性。

（一）中国传统调解文化中的民族精神资源

中华民族的民族精神经历了五千年的历史沉淀，在各族人民长期的生产生活实践中形成了共同的价值取向、道德素养、气质品格等，成为各族人民团结统一、和谐共处的精神纽带。作为中国灿烂文明的组成部分，中国传统调解在远古部落联盟时期就已开始萌芽。西周出现"掌司万民之难而谐和之"的"调人"，调解开始有了具体的历史记载。春秋时期孔子的"无讼"思想及后继思想家崇尚息事宁人的"和合"思想构成了中国传统调解文化的思想基础。这一思想在民间调解、官批民调、官府调解等多种调解形式的不断实践和发展中为我们留下了丰富的民族精神资源。

1. 中国传统调解文化表达了中华民族对理想社会的向往

儒、道、墨、法等古代的主要思想流派，作为中国传统调解文化的思想根基，虽然在"治国平天下"的理论方略上异彩纷呈，但对最终的社会理想却是传承互补的，即"天下为公"的大同社会。在这个社会中，"人法地，地法天，天法道，道法自然"，人们"讲信修睦""兼爱非攻""穷则独善其身，达则兼济天下"都能够和谐相处，人与人、人与社会、人与自然都处于一种平衡的状态。

对高校思想政治教育而言，"大同社会"在追求文明、和谐、自由、平等的理想社会模式，追求高尚的道德品质等方面，和马克思主义所追求的"各尽所能，各取所需"的共产主义社会有很多契合之处。因此，高校思想政治教育者可以借助中国传统调解文化所表达的对"大同社会"的向往，来解释中国知识分子接受马克思主义的原因，进而介绍早期共产党人是如何开启寻求中华民族救亡图存之路的。此外，当代中华民族对理想社会的向往集中反映在"国家富强、民族振兴、人民幸福"的"中国梦"上，这是对中国传统调解文化的继承和延伸，是中华民族古往今来的价值诉求，是大学生理想信念教育、爱国主义教育的重要素材。

2. 中国传统调解文化传递了中华民族"教化为先"的理念

"教，上所施下所效也;化，教行也""教行于上，则化行于下"。在中国传统调解文化中，教化一般是指"上"者通过权威、模范性的行为，将自己的价值理念施于"下"者，并通过这些行为使其内在的伦理道德观念产生影响，转换为"上"者所期望的道德品质。从内

容上看，教化"扇之以淳风，浸之以太和，被之以道德，示之以朴素，使百姓日迁于善"（《北史·苏绰传》），涵盖的范围非常广泛；从形式上看，从君主的"圣谕"到乡规民约，从教民榜文到功德牌坊，从戏曲、小说到石刻、年画，教化不是单纯的知识传授，而是一种面向全体社会成员的潜移默化地道德浸润和感化，并通过最通俗的方式传播和普及。教化不仅能够提高百姓素质、化解民间纠纷，还间接地维护着社会和政权的稳定，因此在古代受到了广泛的推崇，"教化为先"成为一项重要的治国原则从先秦时期一直延续了下来。

"教化为先"的理念虽然体现了中国古代封建统治者巩固其统治地位的需求，但在历朝历代思想家的革新与推广和广大人民群众的普遍认同与积极践行中得到了极大的丰富和发展，并推动了当时社会的发展。抛开阶级局限，教化与思想政治教育在价值导向、工作方法、运行机制等方面有着一脉相承的关系，值得当代思想政治教育批判性地吸收。

综上所述，中国传统调解文化所表达的"大同社会"理想和"教化为先"理念，是高校思想政治教育弘扬和平思想、抒发家国情怀、传播道德观念、增强文化自信的重要媒介。

（二）人民调解形成与发展时期的红色精神资源

在党和人民的不断实践和改造下，一个为封建统治阶级服务的古代司法制度演变为注重人民群众利益，全心全意为人民群众化解纠纷的新制度。人们在调解和接受调解的过程中，逐渐挣脱了封建礼教的束缚，解决方式变得更加合法合理。

1. 改革开放时期的人民调解及其精神资源

从高校思想政治教育资源开发的角度看，人民调解制度的曲折发展，是马克思主义在中国共产党的领导下，与中国革命、建设和改革的具体实践相结合的一个真实写照，体现了事物发展前进性与曲折性的统一，是马克思主义中国化的典型案例。通过了解人民调解的发展，可以窥探中国近现代的历史变迁，了解中国共产党自成立以来处理党同人民群众的关系、解决人民内部矛盾等方面所展现出来的工作艺术，了解群众路线的意义，体会"全心全意为人民服务"的宗旨，坚定对党作为社会主义事业领导核心的信心和建设社会主义的理想信念。

（三）人民调解现代法制化道路上的时代精神资源

人民调解虽然经历波折，但人们对这种扎根于人民群众的纠纷解决机制的探索从未停止，尤其是在建设富强民主文明和谐美丽的社会主义现代化强国的奋斗目标下，人民调解再次迎来勃勃生机。2008年，最高人民法院确立了"调解优先、调判结合"的工作原则；2011年，《中华人民共和国人民调解法》正式实施，人民调解制度实现了里程碑式的跨越，正式步入现代法制化轨道。

在这样的时代背景下，全国各地掀起了对人民调解的探索与创新的高潮，枫桥经验、广安模式、山西省医疗纠纷人民调解委员会、上海人民调解李琴工作室等典型经验层出不穷，彰显了人民调解继往开来、锐意创新、开放包容、和谐共荣的时代精神。如今，人民调解进入了多元化的发展趋势，形成了网络化、行业化、专业化、社会化的人民调解新模式，在保障人民调解群众性、民主性、自治性的同时，对组织形式、运行程序、适用领域等也进行了全面改革和科学完善。

对高校思想政治教育而言，人民调解在现代法制化道路上的发展，蕴含了大量的时代精神资源，具体体现在以下两个方面：首先，人民调解是经过历史和实践检验，适用于当代法治社会的一项法律制度，其体现了以改革创新为核心的时代精神，因此既需要辩证地传承中华传统文化，更需要立足于我国改革开放和中国特色社会主义建设的具体实践；其次，人民调解是民族精神的当代体现，它吸纳了不同地域、不同民族甚至国外优秀的调解经验，展现着中华民族的品格和气质，直面当前国内外各种思潮和理论互相激荡的复杂局面，具有很强的包容性。

习近平新时代中国特色社会主义思想是新时代高校思想政治教育时代化的理论指南，赋予了高校思想政治教育新的历史使命。调解文化从纵向上看蕴含了中华民族几千年历史发展的道德思想精髓和共产党领导下的中国革命、建设、改革成就，以史为镜，有助于从发展规律的角度去发现新时代高校思想政治教育的新特点，把握新趋势，展现历史大国的精神和智慧。从横向上看，调解文化深深扎根基层，在各行各业全面开花，有着取之不尽、真实生动的教学素材，有助于将单一的理论灌输变为生动活泼、形式多样的教育和感化，让政治理论和道德修养真正入心、入脑、入行。在调解文化视域下开展高校思想政治教育资源研究，对新时代高校思想政治教育发展的作用正日益凸显。

第六章 新常态背景下高校思想政治课教学研究

第一节 经济新常态概述

从理论上看，区域经济是一种综合性的经济发展的地理概念。它反映区域性的资源开发和利用的现状及其问题，尤其是指矿物资源、土地资源、人力资源和生物资源的合理利用程度，主要表现在地区生产力布局的科学性和经济效益上。区域经济的效果，并不单纯反映在经济指标上，还要综合考虑社会总体经济效益和地区性的生态效益。衡量区域经济合理发展应当有一个指标系统，从中国许多地区的经济发展情况来看，一般包括以下五个方面：①考虑整个国家经济发展的总体布局，分析地区经济在国家经济中的地位和作用。②地区经济发展的速度和规模是否适合当地的情况（包括人力、物力和资金等因素）。③规划设计的地区经济开发和建设方案能否最合理地利用本地的自然资源和保护环境。④地区内各生产部门的发展与整个区域经济的发展应当比较协调。⑤除生产部门外，还要发展能源、交通、电讯、医疗卫生和文化教育等区域性的基础设施。注意生产部门与非生产部门之间在发展上的相互适应。

一、概述

经济新常态就是在经济结构对称态基础上的经济可持续发展，包括经济可持续稳增长等。经济新常态是强调结构稳增长的经济，而不是总量经济；着眼于经济结构的对称态及在对称态基础上的可持续发展，而不仅仅是 GDP、人均 GDP 增长与经济规模最大化。经济新常态就是用增长促发展，用发展促增长。经济新常态就是经济结构的对称态，在经济结构对称态基础上的经济可持续发展，包括经济可持续稳增长。所谓常态，就是正常状态；新常态，就是经过一段不正常状态后恢复正常状态。人类社会就是从常态到非常态再到新常态的否定之否定中发展的，人对社会的认识就是从常态到非常态再到新常态的否定之否定中上升的。贯穿在常态—非常态—新常态中的主线，是事物的本质与规律。人类总是经历事物的正反面发展、总结正反面经验，经过感性—知性—理性、具体—抽象—具体的否定之否定后，才对事物有一个完整的认识，才能认识事物的规律与本质。经济新常态，就是人类经济发展肯定—否定—否定之否定波浪式前进的成果；经济学新常态，就是人类经济认识肯定—否定—否定之否定螺旋式上升的结晶。经济新常态不是不需要 GDP，而是不需要 GDP 增长方式；不是不需要增长，而是把 GDP 增长放在发展模式中定位，使 GDP 增长成为再生型增长方式、生产力发展模式的组成部分。属于发展范畴、能够促进发展的可持续的增长速度越高越好，属于发展范畴、能够促进发展的可持续的高速增长是经济新常态的追求目标。把减速和高效画等号、高速和低效画等号、GDP 高速增长和经济过热画等号，把经济新常态定义为减速增效、增长速度降温是错误的；人为降低增长速度将导致"滞涨"的严重后果。经济新常态就是在找准经济增长点、实现经济结构对称态的基础上实现经济高速可持续发展的，其中包括高质量无水分的 GDP 高速可持续增长，即我们讲的"调结构稳增长"。为了实现调结构稳增长的目标，政府实行常态化的、积极的财政政策是必要的，不能把我国政府积极的财政政策混同于西方资本主义国家政府周期性的"刺激经济"。根据再生经济学原理，无直接经济效益的长期基本建设投资永远优先于有直接经济效益的中短期基本建设投资，基本建设投资永远优先于生产资料生产投资，生产资料生产投资永远优先于消费资料生产投资。由于无直接经济效益的长期基本建设投资只能由政府实施，所以政府投资（无直接经济效益的长期基本建设投资）永远优先于民间投资。根据再生经济学原理，只有增量改革才有存量调整，只有新经济增长点才能优化旧产业结构、化解产能过剩、实现经济结构优化升级、促进经济发展方式转变。根据再生经济学原理，投资永远主导消费，只有投资主导下的消费才有可持续消费，只有投资主导消费才有经济结构优化、经济可持续增长与发展。由于节约有利于积累，积累有利于投资，投资有利于生产和经济发展，所以节约、居民高储蓄率有利于经济发展，而铺张浪费、"寅吃卯粮"不利于经济发展，所谓"消费拉动经济"是个伪命题。根据再生经济学原理，投资驱动和创新驱动是统一的，投资驱动和创新、创业、企业技术提升、产业结构升级、生产效率提高、增长方式、转变、经济质量保证不但不矛盾反而内在一致。只有投资驱动、创新、创业、企业技术提升、产业结构升级、生产效率提高、增长方式转变经济质量保证才有基础；只有创新、创业、企业技术提升、产业结构升级、生产效率提高、增长方式转变、经济质量保证为主导，投资驱动才有明确的目标与方向，投资才有效。一个国家在经历了经济危机、经济调整之后出现的一个过渡阶段经济运行态势称之为经济新常态。旧常态说穿了就是粗放型、数量型、扩张的一种状态，它靠低成本来驱动。经济"新常态"就是要转到一个集约型、质量型来进行发展，这就是经济"新常态"和经济旧常态的差别。全球经济危机的大爆发宣告了世界经济步入"大调整"与"大过渡"的时期。这种大时代背景与中国阶段性因素的叠加决定了中国经济进入增速阶段性回落的"新常态"时期，并呈现与周期性调整不一样的新现象和新规律。

新常态："新"就是"有异于旧质"；"常态"就是时常发生的状态。新常态就是不同以往的、相对稳定的状态。这是一种趋势性、不可逆的发展状态，意味着中国经济已进入一个与过去 30 多年高速增长期不同的新阶段。中国发展处于重要战略机遇期。从中国经济发展的阶段性特征出发，适应新常态，保持战略上的平常心态。中国 GDP 增速从 2012

年起开始回落，2012 年、2013 年、2014 年上半年增速分别为 7.7%、7.7%、7.4%，是经济增长阶段的根本性转换。中国告别过去 30 多年平均 10% 左右的高速增长。中国经济呈现新常态，从高速增长转为中高速增长，经济结构优化升级，从要素驱动、投资驱动转向创新驱动。"新常态"也不仅仅是指中国社会建设发展进入了新阶段，中国社会建设呈现新常态，创新社会治理体制，推进法治社会建设，包括北京市老百姓国学会等一大批社会组织紧跟党走在时代前列，倡导社会风尚，促进和谐社会、幸福社会建设；"新常态"使中国文化发展进入新阶段，中国文化发展呈现新常态。

所谓经济的"常态"是一个经济体运行的"经常性状态"或"稳定性状态"的简称。显然，这里隐含了一个时期或阶段的概念，即所谓经济的"常态"应该是一个经济体在"某一特定时期或阶段"内运行的"经常性状态"或"稳定性状态"的简称。

依此定义，"经济新常态"，由于有一个"新"字，那就一定是相对于"上个时期或阶段"经济运行的状态而言的，或者是相对于"历史时期或阶段"经济运行的状态而言的。人类社会经济的发展受到诸多因素的影响，这些因素不仅在维度上难以穷尽，而且在内涵或形式上也无法完全控制或重复，即人类社会经济发展的历史不可能简单重复。从这个意义上说，有别于"上个时期或阶段"的经济运行状态，一旦趋于稳定，并可以维持一段时间，那就是经济运行的"新常态"。

二、主要特点

（一）经济新常态的主要特点

1. 速度——从高速增长转为中高速增长

年均经济增长速度放缓，但仍将保持在 7%～8% 的中高速。与中国改革开放 32 年年均增长 9.9% 的高速增长阶段相比较，年均增长速度回落 2～3 个百分点。但与世界其他国家或全球经济增长速度相比，这一增长速度仍处于领跑状态。根据国际货币基金组织（IMF）2014 年 10 月的最新预测，2014—2019 年世界经济年均增长速度将为 3.9%，其中发达国家为 2.3%，新兴经济体为 5%。

2. 结构——经济结构不断优化升级

破坏性开采的粗放型发展方式，吃资源饭、环境饭、子孙饭的旧发展方式正在让位于以转型升级、生产率提高、创新驱动为主要内容的科学、可持续、包容性发展。中国经过前一个阶段的高速发展，资源、环境、社会保障问题的制约日趋严重，吃资源饭、环境饭、子孙饭的旧发展方式已经到了难以为继的地步。一是资源消耗大，资源约束日紧。2013 年，中国 GDP 占世界的比重为 12.3%，但能源消费总量占 20%，粗钢占 44%，水泥占 57%。淡水、耕地、森林、煤炭、石油、铁矿石等重要资源的人均占有量均大大低于世界平均水平。中国人均可再生淡水资源拥有量仅为世界平均水平的 1/3；人均石油可开采储量、人均天然气可开采储量均不到世界平均水平的 1/10。原油、铁矿石等主要能源、矿产资源的对外依存度持续上升，石油的对外依存度已逼近60%。二是环境污染严重。中国现有近3亿农村人口喝不上安全饮用水，近6000万城镇人口饮用水水源水质不合格。土壤污染面积大，重金属、持久性有机物污染较重。第二次中国土地调查资料显示，中重度污染耕地已达到5000万亩左右。京津冀、长三角、珠三角地区及部分大中城市大气污染严重，雾霾等极端天气增多，已成百姓的切肤之痛。三是生态系统退化。中国近80%的草原出现退化，水土流失面积占国土总面积的37%，生物多样性锐减，濒危动物达250多种，濒危植物达350多种，生态系统缓解各种自然灾害的能力减弱。四是温室气体排放总量大、增速快，已成为世界第一大排放大国。五是社会保障体系建设滞后。虽然社会保障体系的覆盖面已经普及城乡，但保障水平偏低且不平衡，保障体系分割较严重，距"兜住底、易流动"等要求还有较大差距。总之，在中国经济新常态下，经济发展方式的转变已经被迫展开，不顾资源短缺、竭泽而渔、破坏性开采的粗放型发展，忽视环境保护的污染性发展，透支人口红利、社会保障体系建设滞后的透支性发展，正在逐步转入遵循经济规律的科学发展、遵循自然规律的可持续发展、遵循社会规律的包容性发展。发展的主要动力正在逐步转向依靠转型升级、生产率提升和开拓创新。

3. 动力——从要素驱动、投资驱动转向服务业发展及创新驱动

经济增长结构发生变化。生产结构中的农业和制造业比重明显下降，服务业比重明显上升，服务业取代工业成为经济增长的主要动力；2013年，中国第三产业（服务业）增加值占GDP比重达46.1%，首次超过第二产业；2014年前3个季度，这一比例继续上升到46.7%。需求结构中的投资率明显下降，消费率明显上升，消费成为需求增长的主体；内需与外需结构发生变化，内需占比增加。2012年，消费对经济增长的贡献率自2006年以来首次超过投资。从2014年前3个季度数据看，最终消费对GDP增长的贡献率达48.5%，又比上年同期提高2.7个百分点。

（二）主要特征

经济的最大特点是速度"下台阶"、效益"上台阶"，经济新常态下明显特征是"增长动力实现转换""经济结构实现再平衡"，具体特征体现在：

（1）模仿型排浪式消费阶段基本结束，个性化、多样化消费渐成主流；

（2）基础设施互联互通和一些新技术、新产品、新业态、新商业模式的投资机会大量涌现；

（3）中国低成本比较优势发生了转化，高水平引进来、大规模走出去正在同步发生。

（4）新兴产业、服务业、小微企业作用更凸显，生产小型化、智能化、专业化将成为产业组织的新特征；

（5）人口老龄化日趋发展，农业富余人口减少，要素规模驱动力减弱，经济增长将更多依靠人力资本质量和技术进步；

（6）市场竞争逐步转向以质量型、差异化为主的竞争；

（7）环境承载能力已达到或接近上限，必须推动形成绿色低碳循环发展新方式；

（8）经济风险总体可控，但化解以高杠杆和泡沫化为主要特征的各类风险将持续一段时间。

（9）既要全面化解产能过剩，也要通过发挥市场机制作用探索未来产业发展方向。

（三）面临阵痛

"新常态"下的中国经济面临四大阵痛：

（1）钢铁、水泥、造船电解铝等制造业面临严重的产能过剩，制造业要"去产能化"。

（2）中国地方政府负债率较高，金融要"去杠杆化"。

（3）房地产调整阵痛。

（4）环境的要求，环境要"去污染化"。

（四）发展机遇

新常态给中国带来新的发展机遇：经济增速虽然放缓，实际增量依然可观。即使是7%左右的增长，无论是速度还是体量，在全球也是名列前茅的。经济增长更趋平稳，增长动力更为多元。以确定的战略和所拥有的政策储备，中国有信心、有能力应对各种可能出现的风险。中国正在协同推进新型工业化、信息化、城镇化、农业现代化，这有利于化解各种"成长的烦恼"。中国经济更多依赖国内消费需求拉动，避免依赖出口的外部风险。经济结构优化升级，发展前景更加稳定。前三季消费对经济增长的贡献率超过投资、服务业增加值占比超过第二产业、高新技术产业和装备制造业增速高于工业平均增速、单位GDP能耗下降等数据指出，中国经济结构"质量更好，结构更优"。政府大力简政放权，市场活力进一步释放。由于改革了企业登记制度，2014年前三季度新增企业数量较2013年增长了60%以上。

第二节　新常态下高校思想政治教育的问题及对策

新常态下，高校思想政治教育环境发生了一定的变化，高校需要积极采纳新的教学思路和教学方法适应新常态，迎接新的教育要求，努力做到将教育理念阵地化、个性化以及多元化。目前，高校思想政治教育问题依旧较为严峻，一些高校毕业生虽然具备极强的专业能力和文化素养，但是个人素质、道德观、价值观以及爱国观不强，因此本节主要就高校思想政治教育现状进行分析，期望通过具体的改善方案和策略提高高校思想政治教育的时效性。

一、新常态下高校思想政治教育的环境

（一）资源多元化

随着我国信息技术的快速发展，我国目前的生产力逐步由低廉的成本劳动力转为人才创新驱动力，其中诞生了很多新的思想政治观念，高校思想政治教育环境逐步出现多元化现象。如现在我国很多高校都提倡创业教育、自主创新教育以及创业道德教育，这些教学资源的补充对我国高校思想政治教育环境的完善有着进一步的推动作用。在经济转型的新常态下，高校必须做好学生的思想教育工作，完善思想政治教育活动，引导大学生形成客观、理性的价值观，帮助学生正确认识我国经济发展过程中存在的阶段性矛盾，鼓励学生投入中国特色社会主义发展的伟大事业之中。

（二）坚定党的领导

目前，高等学府需要提倡学生坚定党的领导，将其余思想文化作为补充和了解。高等学校是社会意识形态的前沿阵地，各种思想文化都在这里进行碰撞和交流，但是意识形态领域学校依旧需要坚定不移地坚持党的领导、听从党的号召。

（三）改革深水区

目前，高校思想政治教育改革正处于深水区，首先由于我国经济发展速度的放缓，学生可能会面临各种社会矛盾，少部分学生的思想过于激进，一味地追求金钱至上或者权力至上，这样的不良社会思想会导致学生与教师之间的矛盾。另外，一些教师也存在以偏概全的教育理念，忽视了一些必要的现代化社会思潮，过于依赖传统的思想教育模式和思想传播模式，这也导致学生对思想政治课堂的学习兴趣不高。随着信息传播的便捷化，社会上的消极新闻不断呈现在大学生面前，学生很容易产生消极的思想情绪，高校思想政治教育工作也更难开展。

二、高校思想政治教育现状

（一）教育内容理论化

思想政治教育的最终目的是帮助学生形成正确的价值观念和人生观念，鼓励学生将思想政治理念应用于生活之中。但是目前教育内容过于理论化，很多教师只要求学生掌握课堂上基础的理论知识内容，对学生个人的行为意识以及思想表现不进行考核，这也就出现了一些高技术人才没有坚定的爱国情怀，最终出现人才外流的现象。另外，过于严苛的理论考核会让学生不想学习马克思主义和正确的思想教育内容，会让学生出现抵抗心理和叛逆心理，最终学生会出现旷课现象。思想政治教育也没有贴合青少年学生的具体生活实际以及认知能力，教师即使理论知识传播得再好，学生也无法理解和消化，没有办法在课堂中形成正确的价值观和人生观。

（二）教育手段过于单一

目前，高校的思想政治教育手段过于单一，教师依旧采用口述的教学方式，没有丰富的课堂教育手段，学生的学习兴趣低下。高校思想政治教育课堂的一节大课接近两个小时，教师可能讲述大量的课本内容，师生都在完成教学任务，这样的课堂对学生主流意识的培养没有过多的价值。现在很多高等学校的思想政治课教师与学生之间都没有课后交流，学生即使存在疑惑也无法找教师进行解答。另外，学生缺乏实践活动和实践能力，无法对社会生活形成正确的判断，学生也许认为社会生活是简单并且美好的，一旦遭受打击可能会出现一蹶不振或者自我放弃的现象，这是目前我国高校思想政治教育工作中没有具体落实的内容。

三、新常态下高校思想政治教育的新思路

（一）教育理念阵地化

意识形态工作事关党的前途命运，事关国家长治久安，事关民族凝聚力和向心力。高校思想政治教育工作首先必须坚持主流的意识形态建设，加强学生的思想指导教育工作，让学生意识到党的领导是正确的，党必然会带我们走上富强民主的道路。在面对西方文化冲击时，高校一定要积极做好防御工作，壮大主流思想舆论，积极主动地向学生传授我国优秀的思想文化内容，稳守马克思主义意识形态新阵地。其次教师还需要坚持"以学生为中心"的教育思想。学生是高校思想政治教育工作的出发点和落脚点，高校需要仔细研究当代大学生的心理特点和性格特征，面对学生的具体需求进行针对性教育。如新常态下鼓励新一代大学生标新立异，追求个性化，学校完全可以提倡学生表达自己的个性，注重给学生一定的人文关怀，对一些具有典型影响力和代表性的学生学校要积极给予鼓励和肯定。面对差异化的学生，学校应该鼓励他们差异化发展，针对学生的思想状态和发展诉求，充分掌握学生的个人成长规律，因材施教。

（二）教育内容生活化

思想政治教育主要是为了服务学生的生活。大学生无论是对知识还是对人际交往的需求都是广泛的，高校思想政治教育活动必须深入了解和分析大学生的切身利益，深度了解大学生的真实需求，找准大学生关注的内容，并且以这些内容作为切入点进行教育工作。由于每个学生对政治思想的理解都不同，因此教师需要着重把握好学术话语与学生生活话语之间的转换。目前党的很多号召以及主流政治思想都是围绕人民生活提出的，因此，大学生的政治思想教育也不能脱离轨道，过于空泛。教师可以在课堂中适当地给学生普及一些实事案例和典型的事迹，让学生不要被报道中的负面新闻所影响，鼓励学生从这些负面新闻中找到正确的社会主义核心价值观，并鼓励学生反思如果自己面对同样的状况会做出怎样的选择和判断，这样互动型的教学方法和教学模式才能为大学生所认可和接受。

（三）教育手段多元化

当代大学生的个人主体意识十分强烈，他们追逐个性和自由，具备独特的性格和影响力，因此，教师不能在课堂中一味地使用灌输式教育模式，要坚持在课堂中做到寓教于乐，将政治性、励志性和知识性融于一体，化抽象知识为形象知识。政治思想课堂中教师完全可以采用辩证式教学模式，让学生自己选择热点进行辩证分析，这样学生可以积极主动地参与调研、探索以及演讲等多项工作，学生也会随着话题的探索变得更加具备思辨能力。除此之外，教师还可以充分利用互联网资源，将课堂内的知识上传到互联网之中，让学生可以在网络中参与热点话题的讨论和分析。现在有部分高校已经设置了自己的抖音账号，它们会将自己的校园文化、校园思想、主流政治思想等各类内容推送到抖音中，学生会在评论区进行积极评论和探讨，甚至还有部分社会人员进行补充和提建议，这样学生就可以听到多方面的声音，学生的思想政治判断能力也会得到提升。另外，教师还可以适当地组织学生参与志愿者活动，这些活动都能帮助学生切身体会民族荣誉感和自豪感，学生也能在这些活动中感受到自己作为中国人的责任和义务，也会愿意为中华民族的伟大复兴贡献自己的力量。

新常态下高校思想政治工作需要不断更新，无论是教学方法、教学内容还是教学活动，学校都需要紧随时代发展的脚步，认真探索和分析当代大学生的个性特征并提出具体的教育方案，只有这样才能不断完善大学生的思想政治教育，才能保障大学生的思想与主流思想相吻合。

第三节　新常态下高校思想政治课的教育教学路径

随着新常态的到来，社会转型不可避免，"社会转型包含多方面的内容，必然涉及物质层面和精神层面两个方面"。高校践行社会主义核心价值观作为社会主义精神文明的主要组成部分，其重要性越发凸显。高校思想政治理论课（以下简称思想政治课）也呈现出与以往不同的新特征。

一、新常态下思想政治课的新特征

（一）思想政治课师生交流方式的转变

师生交流、互动是高校课堂上的一个重要环节，教师提问、学生回答，本来是一个最基本的教学环节，既能让教师了解学生知识接受程度，又能锻炼学生基本的交流能力，但是随着网络技术的迅猛发展，大学课堂上的"低头族"越来越多，思想政治课面临着学生不愿回答问题，教师唱"独角戏"的尴尬局面。大学生越来越依赖 QQ、微信、微博等新媒体来与人沟通交流，课堂上师生互动变得十分艰难。表面上，看似是大学生不愿与教师沟通、谈心，实则为师生沟通交流的方式已经发生了转变，大学生之间的交流方式已经从"面对面"转变为"线上交流"。有些高校为了维持课堂纪律，提高听课效率，要求学生在课前上交手机，但是效果并不好。因此，如何让学生从"低头族"变为"抬头族"，重新投入思想政治课堂学习中去，成了困扰当今大部分思想政治教师的一个难题。"堵"不如"疏"，越来越多的思想政治课教师开始尝试"互联网+"的模式参与教学，例如"易班"、网络教学平台、直播教学等，收到了不错的效果。从某种意义上来说，互联网已经成为当代思想政治教育的重要载体，新常态下，用好互联网，成为思想政治课教育不可回避的问题。

（二）实践教学内容的转变

实践教学是高校思想政治课激发学生主体意识的一个重要环节。虽然现在大部分高校都设置了实践教学，包括开设讲座、参观展馆、撰写社会实践报告等，但是学生参与实践教学的积极性并不高，很多学生只是为了点名和学分而参加，还有学生反映这些活动只是为了完成一份作业，并不能提升自己的思想境界，更不能很好地激发学生的主体意识。因此，在实践教学内容的设置上，高校思想政治课应该转变教学内容，顺应当代大学生的特点，个性化、特色化地安排实践教学计划，促使学生具有良好的道德品质、职业精神，增强社会责任感。同时，采用多种形式开展实践教学，使每位学生都能参与实践性活动，培养学生的学习能力、解决问题的能力，把方法能力、社会能力与专业能力培养结合起来。

（三）课堂教学内容的转变

高校思想政治课应该重视课堂教学。高校思想政治课的教学重点应该是培育大学生的社会主义核心价值观、自觉抵制不良风气、树立正确的人生方向，高校思想政治课具有独一无二的不可替代性。高校思想政治课的课堂教学内容应从书本转向实际生活，从理论转向实践，与时俱进，注重教学内容的时效性、真实性。另外，课堂教学模式应该是多种多样的，传统的"以教师为中心"的教学模式不利于培养创造型人才，而"以学生为中心"的现代教学模式往往忽视教师主导作用的发挥，容易偏离教学目标，为了解决这个矛盾，"翻转课堂"、问题探究模式教学、专题教学等教学模式应运而生，由教师主导学生感兴趣的话题和活动，让学生成为课堂的主体，通过选择"00后"大学生感兴趣的话题，辅以视频、讨论、辩论等环节，调动学生课堂积极性，提高教学效果。

探索新常态下高校培育社会主义核心价值观的长效机制、创新思想政治课教学方法成为当前高校的重要课题。

二、新常态下高校思想政治课教学改革的路径

（一）思想政治课上，形成认知

如今，在高校某些师生中，存在着一种不合理的认知，认为核心价值观教育是非专业

性的思想政治教育,是外加于专业教学的次要任务。然而,美国学者德怀特·艾伦曾指出,高等教育有两个目的,"一个是要使学生变得聪明;一个是要使学生做有道德的人。如果我们使学生变得聪明而未使他们具有道德,那么,我们就为社会创造了危害"。然而,目前高校思想政治教育方法滞后于大学生的需求,重"智育"轻"德育"的培养方式导致许多大学生认为思想政治课是"可有可无"的课程,更有些大学生长期缺勤思想政治课。这些都不利于培育大学生的社会主义核心价值观。

做好高校思想政治工作,要因事而化、因时而进、因势而新。要遵循思想政治工作规律,遵循教书育人规律,遵循学生成长规律,不断提高工作能力和水平。要用好课堂教学这个主渠道,思想政治理论课要坚持在改进中加强,提升思想政治教育亲和力和针对性,满足学生成长发展需求和期待。因此,高校应本着坚持"德育为先,育人为本"的高等教育办学理念,把社会主义核心价值观教育作为第一位教育贯彻高校教育教学始终。

1. 打破传统教学方式

师生的言语交流和情感互动是思想政治课最宝贵的优势与特征。因此,在思想政治课的课堂教学中,"教师为主"的"满堂灌"的教学方式应该被打破,思想政治教师应该采用灵活多变的"翻转课堂"、专题学习、探究学习、小组讨论、辩论赛等教学方法,使学生成为课堂的主体,逐步减少课堂"低头族"的数量。

2. 丰富教学方法,重视"因材施教"

思想政治课包括四门理论课、形式与政策及实践教学课程,面向本科及专科所有学生,具有覆盖面广、学生差异大的特点,因此思想政治课教师应充分考虑学生的年龄、专业、民族、地域等特点,进行有针对性的个性化教学。"因材施教"不仅是针对不同的学生传授不同的知识,更意味着针对不同的学生应该采用不同的教学方法。

3. 充分发挥互联网作用

现在的大学生出生、成长在互联网蓬勃发展的时代,不论学习还是日常生活都十分依赖网络。因此,高校思想政治课应积极探索"互联网+"的教学方式,例如直播教学。直播教学不同于"慕课"的单向传授知识,教师在传授知识的同时,可以与学生就时事热点、心里困惑等进行交流。直播教学具有跨地域、互动性强、时效性强的特点,正越来越被新一代大学师生接受。再如"易班"网络平台,"易班"不仅是一个以高校师生为主的综合性网络社区,更是"互联网+高校思想政治教育"的一个主动回应。思想政治教师应建好"易班",用好"易班",使"易班"成为具备思想性、政治性、趣味性、实践性的网络教育阵地。

(二)思想政治课下,强化认同

高校思想政治课课后的重要任务便是加强价值观舆论引导,强化学生对社会主义核心价值观的认同,实现课上课下的无缝衔接。思想政治课应该让学生认识到,任何价值观都是一定时期、一定范围或一定社会制度内的普适性价值,而不是适用于一切时期和一切社会制度的普世价值。不同社会经济制度有不同的价值标准,社会主义核心价值观符合我国所处的社会主义初级阶段的国情和社会经济发展要求。

1. 重视校园文化，增强校园舆论的引导

高校的校园文化作为一种高层次文化，在大学生思想政治教育中扮演着重要角色，校园文化的激励导向、情感陶冶功能、行为规范、心灵熏陶等功能具有不可替代的作用。校园文化作为思想政治课教育教学的重要补充，常常被放于"重娱乐，轻思想政治"的位置。精神层面，高校应充分发挥传统节日、本土案例的舆论引导作用，突出宣传社会主义核心价值观，可定期举办"思想政治讲坛""专家讲座"等活动，将思想政治教育与大学生的日常生活紧密结合，做到个性化、特色化、内涵化。物质层面，高校除了给学生提供良好的学习、生活环境之外，应积极利用文化墙、新闻橱窗、板报专栏、校广播站等宣传阵地进行大学生思想政治教育。

2. 重视学生社团的作用

学生社团是大学校园里非常具有特色的学生团体，从五四时期以来，学生社团在中国高校中就发挥着不可磨灭的作用。新常态下，思想政治课应充分重视和发挥学生社团的地位和作用，调动学生社团在培育大学生社会主义核心价值观方面的积极作用，思想政治课可适当对学生社团进行精神和物质的投入，使思想政治课教学从单一化走向多样化，拓展思想政治课教学的空间和时间。厦门大学成立的思想政治类学生社团"农民之子"，就是一个很好的例子，思想政治教师进入学生社团并进行指导，避免了学生社团的盲目性，增强了学生社团的政治性、思想性、教育性。

3. 树立优秀教师典型，用榜样的力量鼓励大学生践行社会主义核心价值观

一线教师是学生在学校生活中接触最多的人群，他们对学生的影响力不容小觑。优秀的教师应该是在教学中不仅注重理论知识的讲解，更重要的是与时俱进地把所讲授的理论知识用于对现实的分析和对现实生活的指导，使学生把课堂上的哲学融入现实生活中，成为生活的坐标和行动指南。高校教师中不乏优秀的社会主义核心价值观示范者，不论专业课教师还是思想政治课教师都可以树为典型。让学生从传道授业解惑的教师身上看到榜样的力量。因此，要加强师德教育，可以通过"师德之星"等活动，评选出优秀教师，树立教师在大学生中的榜样与权威。

（三）实践教学，推动转变

应当大力推动大学生对社会主义核心价值观从认同到实践的转变，这种转变应该是大学生自发的、由内而外的、终身的。一个整体目标是由一个个具体的小目标构成的，想要一蹴而就完成整体目标显然不现实，因此应该从小处着手，从大学生日常点滴做起，逐步完成从转化。

1. 从大学生的日常行为着手

提高学生思想政治素质、培养良好的行为习惯，是高校思想政治课传授知识、培养学生能力的出发点。知识是行为的内在动力，行为是知识的外在表现。作为思想政治课，更

应将课本内容与学生日常行为相结合起来。核心价值观的养成绝非一日之功，要坚持由易到难、由近及远，努力把核心价值观的要求变成日常的行为准则，进而形成自觉奉行的信念理念。为此，思想政治课教学应当在大学生日常行为方面多加引导，将社会主义核心价值观融入大学生日常行为规范，使大学生知行合一。

2. 提倡大学生走出思想政治课堂，积极参与志愿服务

思想政治课的形式应当多种多样，思想政治教师可与学生一起走出课堂，参加志愿服务，通过志愿服务，言传身教社会主义核心价值观。志愿服务作为一种大规模群众道德实践活动，对大学生群体树立社会主义核心价值观，培养公民主体意识和社会责任感，促进其参与社会活动、融入社会群体有着重要的作用。志愿服务是一种崇高的不求回报的奉献，它提倡"互帮互助、助人自助"，充分体现了核心价值观中的"友善"。大学生可以利用自己的所学知识，为同学、社区、社会提供各种各样的志愿服务，例如动物保护、赛事服务、环境保护、海外援助等。

3. 抓住传统节日、纪念日等时机，大力弘扬核心价值观

端午、重阳、中秋、春节等节日是我国历史悠久的传统节日，凝聚着我国传统美德和礼仪典范，思想政治教师可在传统节日之时加大宣传力度，身体力行宣传传统美德及其关联的核心价值观，不断提升大学生的思想文化内涵。另外，近年来，我国确立了"抗日战争胜利纪念日""宪法日"等纪念日，这些纪念日不同于传统节日的热闹，它们更具庄严肃穆的国家精神，高校思想政治课要充分发挥这些纪念日的教育意义，将社会主义核心价值观的培育融入进去，不断扩展大学生核心价值观的实践领域。

4. 充分利用新媒体手段，扩展实践教学方式

在新媒体时代，每个大学生都是一个个性化的"自媒体"，由于新媒体的草根性、易传播等特点，每个学生都可以在网络上发布和接收不同的讯息。因此思想政治课在坚守住"宣传栏""校报"等传统媒体阵营的同时，还可以通过开设微信公众号、微博账号、官方QQ空间、抖音官方账号等手段，增加与学生沟通交流的渠道，增强对大学生核心价值观的传播，通过潜移默化、日常渗透的方式增加核心价值观的实践途径。

第四节　基于新常态的思想政治教育创新

新常态的发展要求高等教育必须转变人才培养观念，确立思想政治教育必须始终引领创新型人才成长与培养的认识，着力构建高校思想政治教育工作融入机制，从而为国家储备符合新常态发展要求的人才资源。

一、新常态下创新高校思想政治教育工作的意义

改革开放以来，中国经济经过 40 年的高速增长成为世界第二大经济体，社会发展日新月异，国民生活水平不断提高。"新常态"这一概念的提出，是党和国家深入了解我国经济发展现状和准确判断我国未来经济发展趋势后提出的理论概念。新常态下，高速发展的科技革命将人类带入一个前所未有的世界，移动网络与智能手机不仅改变了人们的支付方式、社交习惯与生活节奏，还潜移默化地改变着人们的思维模式。飞速发展的信息科技为高校思想政治教育提供了新的发展平台，利用"互联网 +"平台，高校的思想政治教育工作突破了传统思想政治教育工作在时间、地点、场地等上的限制，从原来相对狭小的、局限于校园内的思想政治教育走向了开放的、全社会共享的教育。借助微信、QQ 等移动社交平台，高校思想政治工作者建立了了解学生所思、所想的平台，既能通过 QQ、微信等与学生做到实时互动、实时互通，也能通过微博、朋友圈、哔哩哔哩动画网站等平台了解学生内心的想法，从而做到防患于未然，将大学生可能出现的思想问题解决在萌芽状态。

同时，浩如烟海的网络资源丰富了高校思想政治教育的内容。网络为高校思想政治教育工作者提供了取之不尽、用之不竭的信息素材。借助移动互联网，高校的思想政治教育工作者既能以全球化的视野开展思想政治教育工作，也能结合热点新闻开展生动形象的思想政治教育工作，极大地提高了高校思想政治教育工作的实效性与时效性。"互联网 +"平台让思想政治教育工作不再"高高在上""不接地气"。例如，人民日报借助融媒体制作的《典藏十九大》，获得了几千万甚至上亿的点击量，创造了史上首个"30 亿级"的互动产品。借助互联网科技，思想政治教育工作深入学生的生活中，有机结合时事与社会热点问题，用碎片化时间开展教育，加深了高校思想政治教育工作与社会的融合度。

另外，蓬勃发展的互联网文化也给高校的思想政治教育工作带来了新的挑战。在这个"人人都可自成媒体"的时代，各种各样的自媒体借互联网蓬勃发展的春风呈现芜杂生长、监管不力的态势，自媒体给网民提供了一个充分展现自我的舞台，也给各种不良思潮以可乘之机。信息传播者隐匿在移动终端，没有现实生活中的诸多顾虑，借助网络给予的虚拟身份畅所欲言，难免会出现情绪化和非理性化的网络言论。大学生缺少足够的社会经验又正处人生观、世界观、价值观建立的关键阶段，他们面对虚拟网络世界中的多元价值观，极其容易被网络上的不良言论煽动而导致价值迷失、信仰坍塌。同时，互联网营造出一个五光十色的虚拟环境，这个虚拟的数字环境能满足个体娱乐、休闲、交友、购物的种种需求。缺乏足够自制力的大学生面对网络特别是网络游戏的巨大吸引力，极易沉迷无法自拔，影响身心健康发展。网络游戏成瘾的学生大多昼夜颠倒——晚上熬夜打游戏，白天逃课在寝室睡觉，生物钟紊乱，与社会接触较少，逃避学业与现实社会责任，最终导致成绩下滑、挂科，严重影响了身心的健康发展。

新常态下，高校的思想政治教育工作机遇与挑战并存，作为培养高层次人才的重要阵

地，高校应当思考如何在"新常态"下抓好意识形态工作，引导大学生树立正确的人生观、世界观和价值观，让高校思想政治教育工作做到"入脑""入心""入行"。

二、新常态背景下的思想政治教育创新

（一）努力认识经济新常态与创新人才培养的关系

改革开放以来，我国高等教育经历了历史性的跨越式发展，高等教育的大众化水平持续稳步提升。高等学校的办学条件保障水平以及服务经济社会发展的能力也显著增强。高等教育已成为科技第一生产力和人力第一资源的重要结合点，已经站在经济社会发展的智力基础高地上。随着国家创新驱动战略的实施，特别是全社会对先进科技和高素质人才需求的日益增强，尽管高等教育已经走向社会的中心，但必须实现从过去的以服务为主，逐步走向服务和引领同步的角色转换，必须将创新型人才的培养与造就作为改革发展的基本出发点和落脚点，才能实现顺应新常态。据此认识，对于高等教育行业来讲，首先要转变培养人才的观念。笔者认为，从以下三个方面实现人才培养观念的转换，已是刻不容缓的任务。

一是要从培养知识技术型人才向培养创新型人才转变。长期以来，我们只是扩规模、上专业、提规格，一味以灌输知识技术作为培养目的，形成蒙着头、关着门、脱离社会需求的简单、粗放外延式发展模式。新常态要求注重内涵发展，把提高培养人才质量，进而培养成为创新型人才作为核心任务，作为生命线，走出一条以人才质量提升为核心的内涵式发展路径，实现由"以量谋大"到"以质图强"的战略转变。这自然更需要我们注重创新发展，才能从根本上打破束缚、释放活力，发挥出办学要素的集聚效应，获得教育资源的最大化效益，最终实现培养创新型人才的重任。

二是要进一步强化思想政治教育。在起跑线阶段，就让健康、向上、充满正能量的政治意识形态成为创新型人才内在的核心素质。创新型人才的活动显然是具有一种价值倾向的，必须有良好的政治思想作为支撑，这也表明创新型人才的培养不能没有思想政治教育的参与，事实上，只有在思想政治教育的引导下，创新型人才才能良性成长，才能使人才的聪明才智用到对国家有价值的创造中去，不做对国家没有意义甚至是有害的事。这就需要我们从起步阶段就要注重以社会主义为目标及奋斗方向培育创新型人才，只有这样才能从根本上获得社会需求的认可，实现创新型人才与经济社会发展的深度融合，营造出重视创新、尊重创新人才的社会氛围，真正做到引领新常态，实现社会发展的可持续性。

三是要科学地认识创新型人才。创新型人才就是指具有创造能力，能够提出并解决问题，开创事业新局面，对社会物质文明和精神文明建设能做出创造性贡献的人。创新型人才的内在素质至少应包含政治、思想、品德、心理等素质，以及意志坚强、情绪稳定、责任感强、富有合作精神，并具有正确的价值观和评价准则等。他们应是人类社会物质财富和精神文明的创造者，是最新科学技术的引领者，是顺应新常态的领跑者。对于创

新型人才而言，知识学习固然重要，但精神与品德更为重要。要培养创新型人才，必须在学习态度、价值观念和生活目标等方面都进行教育和加以引导。也就是说，创新型人才的塑造培养，很重要的一个方面就是对创新型人才人格的培养。创新人格是众多优质的非智力因素和科学世界观、正确的方法论的有机结合。它是由个体固有的创新动力和创新能力构成的最为稳定、持久的一种组织系统，是由人的精神世界中的各种因素有机整合而形成的复合体。因此，在塑造创新人格的过程中，如何将人的意识与活动相关联起来，并形成正能量，很大程度上必须依赖思想政治教育的参与。创新型人才的创新精神和创新意识只有在正确的理想信念指导下，才能转化成为激发创新实践的动力，他们的聪明才智才能真正成为经济新常态的发展动力，所以说必须依靠思想政治教育，培养他们具有坚定正确的政治方向和崇高的道德品质。只有这样，才能保证创新型人才创新品质的发展方向的正确性。当下，就是要帮助和引导创新型人才树立正确的社会主义核心价值观，形成良好的思想品德，促进创新人格魅力的进一步完善。只有这样才能在创新人才培养的历程中，不断地使社会主义思想内化为创新人才的自觉意识，形成素质养成，使他们在从事各种各样的创新活动行为时，自觉考虑创新的意义和目的，更好地发挥科技创新的正能量作用，抑制其负面效应。在社会转型时期，主动地将自己的行为与国家民族的发展联系起来，积极投入时代潮流，实现自身价值与社会价值的统一。

（二）积极探索创新型人才培养与高校思想政治工作模式的创新

一直以来，加强和改进高校思想政治教育是一项关系着社会主义高等学校发展、全面建设小康社会、中国特色社会主义事业兴旺发达、党和国家长治久安的重大战略任务。针对我国经济发展新常态，要更加注重加强教育和提升人力资本素质，更加注重科技进步和全面创新。高等教育阶段是一个人的世界观、价值观、人生观走向成熟定型的阶段，同时也是塑造创新型人才的最佳时期。高等学校必须迅速转换观念，创新教育发展模式，主动适应经济发展新常态，在全面深化综合改革的基础上，勇于担当起培养创新型人才的重任，以实现在新常态下的更高水平的发展。因此，作为高校一项重要工作的思想政治教育，亦必须进行改革与创新，只有这样，才能反映出高校思想政治工作参与培养创新型人才的内在要求。

首先应从工作路径上进行创新，进而创新高校思想政治工作模式。一般而言，造就与培养"四有"社会主义新人，既是高校思想政治工作的基本任务，也是我党思想政治工作的根本目标，故此，必须始终使其成为我们思想政治教育的导向性旗帜。在思想政治教育上，始终把解决理想、信念问题作为思想政治教育的一个核心内容看待。随着改革开放和社会主义现代化进程的突飞猛进，面对世界范围内思想文化交流、交融、交锋形势下价值观较量的新趋势，面对发展社会主义市场经济条件下思想意识多元、多样、多变的新动向，特别是当前信息时代，互联网的发展，人们的思想观念越发多元化，人们的生活方式亦由现实生活转向虚拟社会与现实生活并存互动的状态，青年学生的思想则更加活跃，需求更加丰富，因此，思想政治教育的双重价值——个人价值和社会价值也就越发凸显出来了。而此时我们正面临经济新常态发展时期，创新型人才培养又刚刚步入启动阶段，保证思想政治教育功能的正常发挥，保障思想政治教育在创新型人才培养过程中发挥出正能量，不仅需要我们牢牢把握思想政治教育的核心内容——解决理想信念问题，更需要我们善于应对、勇于创新解决好双重价值的有机结合和平衡发展的问题。因此，我们的思想政治教育工作不能再囿于老的思维方式与工作方法，必须坚决摒弃单向走势的旧思维。如果一味地强调社会价值，思想政治教育将会僵化成一种政治说教，"社会本位"将会被提升、放大，个人价值和利益则会被不断地淡化、限制乃至忽略，这显然与创新型人才全面发展和个人成才的需求严重脱节，导致创新型人才成长的核心——多样性人格的培养受到影响，进而导致思想政治教育不可避免地走向机械和僵化之路，造成同创新型人才培养的路径格格不入，甚至背道而驰。因此，正视个人价值，遵循"以人为本"的思想政治教育观念，应成为思想政治教育主旋律中的一根主线。这样才能注重学生的差别性和多样性，实施创新人格的培养，有利于形成创新型人才素质素养。据此认识，高校的思想政治教育路径的改革与创新，应该是上述理想信念和双重价值平衡的"双道合一"并行。

其次，应从工作机制上进行创新探索研究。机制建设具有根本性、全局性、稳定性和长期性，有了机制保障，弹性的要求才能有刚性的约束，分散的力量才能有牢固的纽带。在择定双道合一并行的思想政治教育路径后，创新研究机制建设尤为重要。一般而言，人的发展过程（包括人的思想演变）往往又是一个社会化的过程，所以思想政治教育与人的社会化总是相伴而行，并成为不可或缺的重要组成部分。因此，思想政治教育的目的就是使人适应社会生活、参与社会生活，在履行社会职责的过程中，成为具有健康人格的人，最终满足社会发展的需要。所以人的日常生活展示了思想政治教育社会化的过程，更是思想政治教育特性和现代社会的客观要求。我们必须着力倡导一种"融入机制"，从生活出发，采用贴近日常生活的教育方法和内容，把思想政治教育与日常生活科学有机地联系起来，促使以意识形态为主导的科学理论内化为人们的精神追求，外化为人们的自觉行动。这种"融入机制"就是要将思想政治教育纳入创新人才培养的全过程，蕴含在创新人格塑造的各个环节。贯通各种渠道（教学的、社会实践的、大众传媒的、网络的等）融会各种方式（课堂的、师德师表的、校园生活的、社会文化活动等）形成有机衔接的教育教学体系，形成社会、政府、企业、高校、个人共同参与的育人模式，形成校园生活与优秀文化传统相交融的培育与引领机制。这样创新的"融入机制"才能使思想政治教育远离泛政治化，并在培养创新型人才中发挥支撑作用。

再次，应从工作方式上进行创新研究。思想政治教育工作方式，简而言之是指思想政治教育工作实施的形式和方法。思想政治教育的方式不仅要服从思想政治教育目的，更要顾及与接受能力相一致。只有依据这种思路进行创新改革，思想政治教育才容易被接受，才会收到更好的效果。从高等学校教育和培养创新型人才的新形势出发，思想政治教育的工作方式有三个方面的工作要完成。其一，要综合运用法治思维、法治方式。充分发挥法律规范的约束和导向作用,用健全完善的法规制度进行调整维系并发挥出约束和保障作用,这样才能化解传统思想政治教育形成的封闭式的知识化、工具化、理想化等特征,才能真正形成科学法制实践与思想政治教育工作的有机结合,为适应经济新常态的创新型人才培养与培育提供良好的环境氛围。其二,注重落细落小的落实方式,即从细处着眼,从细节、从小事入手,增强针对性,强化落在实处。要从提高实效性出发,在聚焦生活细节上下功夫。注意从日常生活、细枝末节的认知中感悟出大道理,实现自我内化效应。要通过落实用身边人影响身边事、用身边事教育身边人,发挥榜样人物的模范效应。这样才能杜绝传统思想教育空洞说教式的传授高、大、上道理的风气,才能真正形成思想政治教育与日常生活、与创新人格养成的有机结合,为创新型人才素质的造就提供一种长效机制。其三,要以中华优良文化传统作为营养滋润思想,实现对高尚情操的思想浸润,让优秀传统文化为中华民族生生不息、发展壮大提供强大的思想补给,使中华文明绵延几千年不中断。因此抓好高雅艺术进校园,并以文字、图片、视频、微电影等喜闻乐见的形式实现教育与引导目标,只有运用潜移默化、润物细无声的方式,才能摆脱过去传统思想政治教育单一、粗糙、吸引力不足、实效性不强的困惑,从而真正形成思想政治教育与文化传统、人文精神传递的有机结合,为创新型人才素质的内化提供滋养丰厚的沃土。

三、高校思想政治教育工作创新路径探析

高校的思想政治教育工作就是做好人的工作,思想政治教育工作者要以学生为工作的重心和核心,从提高学生的思想政治觉悟、道德文化水平和科学素养的角度出发,让思想政治工作贯穿教育教学的全过程,帮助学生成长为德才兼备、全面发展的新时代人才。高校的思想政治教育工作想要做到"入脑""入心""入行",可以从以下几个方面创新工作路径:

(一)做好高校思想政治教育工作的"四贴近"

高校思想政治教育工作者要在思想上贴近学生,在教育上贴近学生的成长规律,在工作上贴近学生的思想脉搏,在行动上贴近学生。

首先,在思想上贴近学生。高校思想政治教育工作者要摒弃"以教师为主导""以说教为手段"的传统方式,不要将学生看成被教育、被批评和被灌输的对象,要学会"蹲下来",从学生的角度、学生的立场考虑思想政治教育的方式与方法,消弭传统以批评和说教为主的思想政治教育方式带来的师生隔阂,转变传统思想政治教育工作中"学生内心不买账、不认可"的尴尬局面。这要求高校思想政治教育者从内心深处品味"平等"二字,摆正学生的主体地位,激发学生学习的能动性,尊重学生的所思所想,转变工作方式,摒弃以枯燥说教和训斥为主的传统教育方式,让思想政治教育工作如春雨般润物细无声,得到学生的认同。

其次,在教育上贴近学生的成长规律。思想政治教育工作者要在工作中遵循学生心理、

生理成长的客观规律,要跟上时代的变化,把握学生思想的脉搏,让思想政治教育工作做到"因事而化、因时而进、因势而新"。尊重学生的成长规律,做好高校的思想政治教育工作,要求高校思想政治教育工作者在充分认识时代发展规律、深刻理解社会现实大环境的基础上,打破思维定式产生的故步自封,转变"看不惯、瞧不上"新时代青年思想与行动的传统想法,借助互联网等工具,紧跟时代的步伐,了解学生的所思、所想,与学生一起成长,与学生形成合唱、产生共鸣。

再次,在工作上贴近学生的思想脉搏。高校思想政治教育工作者要准确看待自己的工作定位——"触碰学生灵魂、影响学生内心"的"工程师"。这要求高校思想政治教育工作者不要将自己看成知识的"搬运工"和知识的说教者,而要将自己看成学生的"心灵解惑者",感知学生的所思所想所盼,这样才能在工作中准确把握学生的思想脉搏,才能让思想政治教育工作做到对症下药、因势利导、精准见效。

最后,在行动上贴近学生。高校思想政治教育工作者要在工作中杜绝"假、大、空"的工作方式,理论联系实际,脚踏实地解决学生的实际困难,为学生办实事、做好事、解难事,让高校的思想政治教育工作事半功倍。

(二)做好高校思想政治教育工作方式的"五转变"

第一,做好高校思想政治教育工作方式的"五转变",要求高校思想政治教育工作者转变教育的方式,用好校园阵地,站好三尺讲台,用自己的学识、阅历与经验影响学生,让学生"高山仰止,景行行止,心向往之"。高校思想政治教育工作者要以习近平新时代中国特色社会主义思想作为立课之基、讲授之要、思想政治教育工作之道,变居高临下的教育方式为平等对话,放下架子,转变角色,从平等的角度,用和颜悦色的方式,平心静气地与学生探讨思想上的问题。高校思想政治教育工作者要善用"两学一做"进行常态化教育,通过团学活动、组织生活会、寝室活动等方式让思想政治教育工作融入学生的生活、学习日常中,构建"入脑""入心""入行"的思想政治教育工作体系。

第二,做好高校思想政治教育工作方式的"五转变",要求高校思想政治教育工作从传统的"单一灌输"转变为"双向沟通",通过提高教师的思想政治素养、网络素养等方式,将传统的思想政治教学与新兴的媒体传播方式结合起来,打造立体化、多元性的思想政治课程教育与学生工作新体系,提升思想政治教育工作的影响力和说服力。

第三,做好高校思想政治教育工作方式的"五转变",要求高校思想政治教育工作转变以思想政治教育课堂教学为主要教育方式的思想政治工作方式,建立以思想政治教育理论课堂教学为基点,以党支部、团总支为核心,以寝室为载体,以学生会为内环,以社团活动为外环,环环相扣的思想政治教育工作新方式,创设充满生机与活力的高校校园环境,构建以社会主义核心价值观为引领的高校校园文化氛围,共同做好高校学生的思想政治教育工作。

第四,做好高校思想政治教育工作方式的"五转变",要求高校思想政治教育工作转变理论说教为行为示范，挑选思想素质过硬、业务能力精湛的教师党员发挥模范带头作用。学术精湛、思想素质过硬的高校教师对正处于世界观、人生观和价值观塑造期的青年大学生的影响力是巨大的。正所谓"其身正，不令而行；其身不正，虽令不从"。百年大计，教育为本；教育大计，教师为本；教师大计，师德为本。作为教育人的特殊职业，教师承担着为国家培养未来人才的重任。优秀的教师对青年学生有强烈的示范性和典范性，是构建"入脑""入心""入行"的高校思想政治工作体系的重要方面。

第五，高校做好思想政治教育工作方式的"五转变"，可以考虑打造高年级学生思想政治教育团队，转变以教师为主管理学生的工作方式，通过发挥同龄人的影响力，构建"入脑""入心""入行"的高校思想政治教育体系。高校可以挑选高年级的优秀学生，开展党团知识培训、专业学习经验交流、一对一精准帮扶、宿舍文化育人氛围营造、文体活动指导、心理健康辅导等系列工作。通过高年级学生思想政治教育团队让高校思想政治教育工作做到育人工作与学生自我管理的完美结合。优秀的高年级学生对低年级学生的影响力和号召力是巨大的，作为同龄人，高年级学生真正了解和掌握当代大学生的所思所想所忧，在学生思想政治教育工作中更具说服力，用好高年级学生思想政治教育团队，可以让高校的思想政治教育工作落到实处。

（三）做好教学管理与学生思想政治教育工作的融合

教学管理与学生思想政治是高校育人体系中非常重要的两个环节，二者相辅相成、缺一不可。做好教学管理与学生思想政治教育工作的融合，是高校全面深化育人理念、落实"立德树人"的重要措施，是响应党和国家培养面向未来的创新型技能型人才的要求，是深化"学教合作"一体化模式的必然要求。高校要着眼于学生的全面发展，秉持"两手都要抓，两手都要硬"的理念，切实做好学生思想政治工作与教学管理的有机联动，发挥协同育人合力。

做好教学管理与学生思想政治教育工作的融合，要求高校转变传统教学管理模式中教学管理部门只负责学生的教学工作，学生管理部门只负责学生的思想政治工作这样割裂的工作模式，构建教学、育人一体化，"入脑""入心""入行"的高校思想政治育人新体系。高校可以通过定期召开教学联动会议让教务部门与学生管理部门在教学目标和育人理念上达成共识，通过教学联动会议增强教学管理工作与学生管理工作的紧密合作。将原来只有教务部门负责的教学巡查工作转变为教务、学工共同组成的巡查小组，让学生思想政治教育工作与教学管理工作融为一体；将专业教育融入日常学生思想政治教育工作中，让专任教师兼职学生班主任，与辅导员一起做好学生的生涯规划教育，引导学生在正确了解自己、认识自己的基础上，正确认识专业学习与未来职业发展的关系，激发学生学习的主观能动性。高校要通过产学研结合、校企协同打造实践平台等方式，促进学生的全面发展。

（四）做好"第一课堂"与"第二课堂"的融合工作

"第二课堂"是提高大学生综合素质与实践能力的工作倡导。根据共青团中央的建议，高校的"第二课堂"包括思想政治学习、社会实践、志愿公益、创新创业、文体活动、社团工作、技能特长七大模块，通过打造形式多样、健康向上的校园文化活动，可以大力弘扬社会主义核心价值观，让学生在丰富多彩的"第二课堂"活动中感受中华优秀传统文化精神的力量，让学生在切切实实的社会实践中感受社会主义的理想信念，通过"落微落小落实"的"第二课堂"活动展现社会主义核心价值观的力量。高校还要通过抓好开学典礼、毕业典礼、学位授予仪式、教师节、校庆日等活动，增强学生的仪式感，让学生养成向善向美的精神。高校要通过"第二课堂"活动，构建课堂教学、课外活动、实践教学"三位一体"的育人体系，实现高校思想政治教育工作范围全覆盖，开创高校思想政治教育的新境界。

高校大学生的思想政治教育是高校常抓不懈的工作，是高校必须坚守的意识形态阵地。新常态下，高校的思想政治教育工作机遇与挑战并存，要求高校思想政治教育工作者提升自己的政治素养、信息素养与专业素养，通过在思想上贴近学生、在教育上尊重学生、在工作上准确把握学生、在行动上帮助学生，做好高校思想政治教育工作方式的"五个转变"，构建学生思想政治工作与教学管理的有机联动，打造"第一课堂"与"第二课堂"育人体系，构建课堂教学、课外活动、实践教学"三位一体"的育人体系，让高校思想政治教育工作做到"入脑""入心""入行"。

第五节　新常态背景下高校思想政治理论课教学理念创新

新常态下思想政治教育的环境和任务发生了很大变化，高校思想政治理论课必须紧扣时代特点，注重思想政治理论课内涵提升和实践教学的创新，努力培养有灵魂、有理想、有专长的社会主义事业接班人。时下，"新常态"是理论界探讨的热点话题。我国经济社会发展进入"新常态"以来，思想政治教育的环境发生了很大变化，新的形势和任务要求思想政治理论课的教学理念及时改进。如何解答好时代问题、发挥好引领作用，对高等院校来说尤为重要。

一、新常态下应突出形势与政策教育

当前，我国在经历了 30 多年突飞猛进的发展之后，正处在剧烈的社会转型之中，调结构、转机制是实现经济发展从量变到质变的必由之路。新常态下我国经济正经历着增长速度从高速增长转为中高速增长、经济结构从不够合理到优化升级、增长动力从要素驱动、投资驱动转向创新驱动的转变。新常态也伴随着新矛盾新问题，一些潜在风险渐渐浮出水面。适应新常态，关键在于全面深化改革的力度。从思想政治教育工作来看，"新常态"下高等院校担负了更高的使命。这些年，虽然人们已经对发展方式的转变有所预期，但是，经济结构升级、专业化人才培养和社会创新机制的形成，绝非短时间内可以完成，特别是经济增长速度的整体放缓，一些深层次问题的突发，使得思想政治教育工作面临着严峻的挑战。仅以就业来看，据测算，GDP增速每下降1个百分点，就可能丧失100万个就业岗位。可以说，思想政治教育工作的难度空前增加。在新常态下，思想政治教育工作必须紧扣时代特点，充分认识困难，全面科学地看待问题，把握住潜在的发展机遇，肩负起支持维护改革发展的重任。

马克思认为，社会现实是一个处于特定关系中的变革过程。社会现实是一个历史进程，它是人们活动的结果，而人们的活动又受他们生活在其中的社会种类的限制。人类对知识的获得以及获得知识的行为都离不开特定的历史背景和社会情境，正是这个前提决定了人类获得的信息以及进行推理的方式。马克思主义历史观告诉人们，分析某个问题必须将其置身于特定的历史情境之中进行考量。"我们的出发点是从事实际活动的人""不是处在某种虚幻的离群索居和固定不变状态中的人，而是处在现实的'可以通过经验观察到的'在一定条件下进行的发展过程中的人。只要描绘出这个能动的生活过程，历史就不再像那些本身还是抽象的经验论者所认为的那样，是一些僵死的事实的汇集，也不再像唯心主义者所认为的那样，是想象的主体的想象的活动。"由此来看，各种问题的叠加出现有其必然性，但从长远来说，当下的改革是对以往粗放式增长的自觉调整，是实现人口、资源和社会持续良性发展的基础。与经济改革一样，当前思想政治教育工作也面临着理念的转变，亟待提升课程思想内涵和教学实践效果，增强大学生的综合认识能力和民族文化认同。

二、新常态下应注重思想政治理论课的内涵提升

近年来，思想政治理论课教学中出现了两个极端现象。一个是片面地灌输，一个是形式化严重。前者造成了教育者的挫败感和受教育者的厌烦情绪，后者造成了教学的娱乐化和功利化。这主要表现为以上课学时、考试分数、新奇方法，甚至是学生的笑声作为评价的手段。这两种现象都偏离了以人为本、立德树人的方向，对思想政治教育工作产生了负面影响，结果使思想政治理论课流于形式。应该说，思想政治教育就是塑造人的灵魂，培养有灵魂、有理想、有专长的社会主义事业接班人，思想政治教育应该建构个体完整的生命，注重"身、心、灵"三个层次的培育。相反，日益形式化、碎片化的教育方式绝对培养不出健全的灵魂。迈克尔·波兰尼强调，"把身心感知的全局性作用作为一切知识的轴心或达到了解的门径，我们是凭借我们身体的能力，通过参加其他认识者的活动，才终于达到认识。一切知识最初在性质上都是体感的，这种存在于世的具体方式是一切认识的基础"。在现代社会，注重身体健康就要正视个体生活的真实变迁，注重心智健全就要丰富个体知识涵养、培养良好情感意志，注重灵性提高就要赋予主体生命的意义感和参悟能力，思想政治教育的最终目标是培育健全的理想人格。要做到这些，思想政治教育的基本出发点应该是将问题讲透，使人灵魂受到触动、思想得以理清、行动达到自觉，这才是方式方

法创新的理论基础。新常态下思想政治理论课内涵的提升重点做好三方面的工作。

（1）增强政治自信。深入讲解社会主义制度较之于资本主义制度的优越性，特别是社会主义在消解工具价值、人的异化以及建构理想社会方面的重要功能。使学生学会综合分析思考，增强走中国特色社会主义道路的自信。

（2）澄清价值观念。改革开放以来，急速的社会变迁使思想政治教育的环境、教育对象和教育者本身发生了很大变化，出现了许多全社会关注的深层问题，这需要从根本上进行价值观澄清。价值观教育是化解分歧、凝聚共识的基础工程。青年时代是人的价值观形成的关键时期，大学是个体逐步走向社会的准备时期，大学生的价值理性在此阶段将基本确立。当前大学生大多数思想活跃、朝气蓬勃、热爱祖国、积极向上，同时也存在着一些不容忽视的问题。一些学生理想信念模糊，缺乏社会责任感，缺乏艰苦创业的精神；生活世界的多样性也造成了主体思想观念的差异、价值取向的分化和心理的不稳定。中国古代人生哲学对人的价值做出了有益的探索，宇宙万物看似大化流行、生生灭灭，但是，人是有理想、有使命的，而且人能够实现人格超越，这是因为道德价值本身出于主体的自觉，亦即人有"不安"或"不忍"的心理感受。

（3）培养情感信念。情感是人类文化心理的深层结构和基本内核，信念的树立既依赖于理性的分析、价值的澄清，又与人的情感意志密不可分，它是人之生存、思考和行动的基础。罗素认为："信念是由一个观念或意象加上一种感到对的情感所构成的。"而这种"对的情感"本身就是一个伦理判断，只有当人的认识和情感结合起来，信念才能牢固确立。古代中国正是在"性本善""情本体"的体验之中建构起社会信念。皮亚杰认为："行为的情感方面、社会性方面和认知方面这三者之间事实上是不能截然分开的……情感构成行为模式的动力状态。"

三、新常态下应创新思想政治理论课的实践教学

近年来，实践教学在高等院校陆续开展，改革方向无疑是正确的，但也存在着许多不足。

（1）主题单一，同质化严重。大多是参观革命遗址、厂矿企业和民俗文化遗迹，但在此过程中未能将学习参观和理论探讨很好地结合起来。

（2）追求标杆效应，参与程度不高。许多活动着眼于典型活动和标兵人物，忽视了广大学生的日常交往活动。这一方面助长了好大喜功的不良习气，一方面使不少学生产生了失落感或距离感。

（3）贪多求新，量化评价指标多，难以真正地集中精力搞好一项确有意义的活动。这使得许多实践仅仅限于操作层面，看似成果很多，教育效果却不理想。上述问题归根结底是形式主义造成的，只注重眼花缭乱的方式方法和可以称道的亮点，却懒于举一反三、深入分析、活学活用。形式化的东西在知识视野开阔、主体价值上升、信息网络普及的现代

社会是缺乏说服力的。当下，一个正面的案例往往能够找到若干个反例与之形成鲜明的对照，完全依赖方式方法的改进已经无法使人明了其中蕴藏的道理。

应该说，实践教学的主要目的在于培养个体实践理性和丰富人生意义。儒家认为道德是人类生存智慧的体现，道德不但为个体提供价值导向与行为规范，最终目的是建立生命的秩序。杨国荣教授解释说，实践理性既非限于康德哲学的形式之域，也非囿于功利主义的功利关切。"在形式的层面，实践理性主要表现为正当性原则，其内涵在于合乎一定的价值原则或实践规范。在实质的层面，实践理性则表现为向善原则，其要义在于行动或实践过程合乎行动主体或实践主体的合理需要，这种需要的满足同时意味着价值（善）在实质意义上的实现。"阿尔弗雷德·许茨认为常识世界包含着人们共同拥有的意义结构。"这个处于日常生活中的工作世界是我们经验实在的原型。所有其他意义域都可以作为它的变体来考虑。"在现代社会，日常行为活动纷繁复杂，客观地讲，好的实践有助于认知、加强和证实课堂教学，但某些个案可能与主流观念相抵触，侵蚀民族国家观念的内聚力。这就要坚持辩证唯物主义和历史唯物主义，深入分析国家建构社会生活中价值意义和行为界限，以及定义主流道德和社会秩序的必要性。在大众传媒盛行的时代，要坚决抵制极端功利化的教育和西方支离破碎的工业文化，发挥民族文化的优势，创新社会交融的载体，重构历史文化记忆，以庞大的叙事结构和日常的交往活动培育学生的心灵。同时要建构主流价值象征体系，为剧烈的社会变革中的人们提供新的意义架构、新的觉悟形式和"新常态"的践行模式。

第六节　新常态背景下高校思想政治理论课教学建设的困境与出路

新常态视域下高校思想政治理论课教学建设面临着教材内容重复、脱离现实，教学模式陈旧、方法单一，部分教师政治信仰淡化、职业认同感缺失等困境。突破高校思想政治理论课教学建设困境的出路有三：一是变通教学内容、理论联系实际；二是更新教学模式、改进教学方法；三是加强教师政治信仰教育、培育职业认同感。

一、高校思想政治理论课教学新常态建设面临的困境

（一）教学模式陈旧、方法单一

1. 教学模式陈旧

受长期以来形成的传统教学模式的影响，目前部分高校思想政治理论课教学方式仍然没有完全突破传统教学模式。传统教学模式是一种单一、单向、封闭的教学模式。所谓单

一，表现为教法单一，过分偏重讲授法；所谓单向，表现为缺乏师生互动；所谓封闭，表现为过分强调课堂教学，忽视课外实践。这种传统的教学模式缺乏应有的吸引力，难以激发学生的学习积极性和主动性。

2. 教学方法单一

目前，不少高校思想政治理论课教师仍然习惯于"一本教科书、一支粉笔、一张嘴"。应该说，这种传统满堂灌式的讲授法对当代大学生来说是不合适的。因为这种满堂灌式的讲授法与新时期大学生善于思考、勇于探索的个性产生了冲突，无法达到预期的教学效果和教学目标。人们常说，"再优秀的演员如果总是千篇一律地重复扮演相同或相似的一个角色，观众看多了就会产生审美疲劳"。同理，高校思想政治理论课教师如果总是采用同一种教学方法进行课堂教学，大学生也会产生听课疲劳。

（二）部分教师职业认同感缺失

部分高校思想政治理论课教师职业认同感缺失，缺乏职业自豪感、成就感，认为自己算不上真正意义上的高校教师。不少高校思想政治理论课教师在规划个人专业发展和职业生涯时总觉得低人一等、矮人一截，内心充满惆怅、失落。

二、突破高校思想政治理论课教学困境的出路

（一）变通教学内容、理论联系实际

1. 灵活组织教学

我们应该在实际的教学过程中，想办法变通教学内容，灵活组织教学。具体来说，教师在讲课时可以少一些概念性的讲解，多一些微观性、深层次的分析，也可以尝试让学生自己讲。这样既可以调动大学生进一步深入学习的积极性，也能在一定程度上培养大学生语言组织和表达的能力。专题性比较强的一些内容，可以进行专题讲授的方式。

2. 理论联系实际

高校思想政治理论课教师在课堂教学中要真正做到理论联系实际，必须做到两个"吃透"，一是吃透理论，二是吃透实际。只有这样，才有可能把马克思主义科学理论和社会实际、学生实际真正有机结合起来。高校思想政治理论课教师要真正吃透马克思主义科学理论，必须做到小到基本原理的内涵外延，大到理论体系的构建都要吃透。同时，还要熟练掌握马克思主义中国化的两大理论成果，即毛泽东思想和中国特色社会主义理论体系的主要内容和理论精髓。除了要吃透理论，还要吃透实际，这里的实际包括社会实际和学生实际。所谓吃透社会实际，是指高校思想政治理论课教师对我国改革开放过程中出现的一些难点、热点问题，特别是对有关政治信仰、政治立场、政治方向、价值取向等方面的问题要辨得明、说得透，不能含糊其词、敷衍了事。对我国改革开放过程中出现的一些难点、热点问题，不仅要分析其产生的主、客观原因，还要阐明我们党和政府解决这些难点、热点问题的态度和决心以及为此所采取的各种举措。所谓吃透学生实际，是指高校思想政治

理论课教师对大学生的思想政治状况、学习生活情况、心理生理特点都要有一个相对准确的把握。只有吃透学生实际，课堂教学才能有的放矢。

（二）更新教学模式、改进教学方法

1. 更新教学模式

要切实提高高校思想政治理论课的教学效果，高校思想政治理论课教师必须改变以教师、教材为中心的传统教学模式，充分发挥教师教学的主导地位和学生学习的主体地位；必须积极探索采用各种教学方法，提高课堂教学的实效性。教学有法，教无定法。高校思想政治理论课教师要根据思想政治理论课程的性质、特点以及各个章节的具体教学内容，灵活地选择运用理论讲授、案例教学、模拟教学、问题教学、实践教学等方法。

2. 改进教学方法

第一，课堂理论讲授虽然对大学生的思想政治会起到一定的教化作用，但实际教学效果很难达到预期。因此，高校思想政治理论课教师应当变一味地理论说教为对典型案例进行理论剖析，教学效果就会大大提高。

第二，思想政治理论课属于意识形态和社会科学范畴，高校思想政治理论课教师要善于运用模拟教学法，积极创设情景和现实环境。比如建立模拟法庭，开展模拟演练；建立网上模拟课堂，鼓励大学生把自己的故事、自演的节目、喜乐会的场景和所闻所见拍录下来，制作成精美的视频，上传到相关思想政治理论课课程网，成为教和学的共享素材。

第三，高校思想政治理论课教师要站在时代的最前沿，关注、思考社会热点、焦点问题，运用问题教学法帮助大学生分析各种社会问题存在的主、客观原因，解除大学生思想上的困惑。在教学过程中可以先让学生思考，再组织课堂讨论，最后由老师点评分析。

第四，加强实践教学。实践教学是当前高校思想政治理论课教学最薄弱的环节。高校思想政治理论课教师要结合讲授内容，组织大学生走出课堂、走出学校，利用公休日、节假日、寒暑假进行社会调查研究。只有以学生为主体、以学生为中心，根据教学内容、教学大纲、教学规律开展教学实践活动，才能收到良好的教学效果。

（三）加强教师政治信仰教育、培育职业认同感

1. 加强教师政治信仰教育

高校思想政治理论课教师要主动地加强学习，夯实马克思主义理论基础，增强理论自觉性、自信心，坚定马克思主义政治信仰。只有这样，才能在纷纭复杂的国内外形势面前，保持清醒的政治头脑、坚持正确的政治方向。积极引导青年学生树立正确的人生观、价值观、世界观、政治观，用马克思主义科学理论去指导自己的学习和实践。只有这样，才能在思想政治理论课的课堂上，自信满满地引经据典、旁征博引、有理有据地展现高校思想政治理论课的理论魅力，激发学生对马克思主义理论探索的兴趣。

2. 培养职业认同感

高校思想政治理论课教师要加强自我职业修养，发挥自我职业效能，追求教师职业价

值境界，增强职业认同感、自豪感、成就感。职业认同感、自豪感、成就感是做好本职工作的心理基础和前提。高校思想政治理论课教师只有认同、热爱自己所从事的思想政治理论课的教学工作，才能正确面对思想政治理论课教学存在的问题，才能采取科学有效的教学手段和方法，努力把思想政治理论课讲好。

参考文献

[1] 邓喜道. 高校思想政治理论课 问题式教学设计精选 [M]. 武汉：湖北人民出版社，2017.

[2] 丁惠炯. 新常态视野下现代职业教育治理体系研究 [M]. 北京：经济日报出版社，2018.

[3] 杜玉波. 深化社会主义核心价值观培育践行，推动思想政治教育工作创新发展〔J〕. 中国高等教育，2015（5）：6-9

[4] 范永进，朱瑶翠，曹俊. 经济新常态和企业新变革 [M]. 上海：上海社会科学院出版社，2017.

[5] 付琳. 推进志愿服务工作深化大学生思想政治教育 [J]. 中国高等教育，2014（Z2）：53-55.

[6] 甘玲. 践行渐悟 高校思想政治课实践教学的探索与实践 [M]. 秦皇岛：燕山大学出版社，2017.

[7] 韩喜平. 思想政治理论课承担着培养创新型人才的重任 [J]. 思想教育研究，2015（1）：18-20

[8] 洪亚勇. 谷文昌精神融入思想政治课教学案例精选 [M]. 厦门：厦门大学出版社，2020.

[9] 靳拥军. 思想政治教育与高校创新型人才的培养 [J]. 社会科学战线，2011（7）：249-251

[10] 李大伟. 高校思想政治教育在培养创新型人才过程中的实效性 [J]. 南京人口管理干部学院学报，2008（3）：77-80

[11] 李辉山. 移动互联新常态下思想政治课专题教学的必要性：以《毛泽东思想和中国特色社会主义理论体系概论》课为例 [J]. 兰州交通大学学报，2015，34（5）：140-144.

[12] 李霓. 新媒体时代大学生思想政治教育挑战与创新 [M]. 天津：天津科学技术出版社，2018.

[13] 李雪萍. 高校思想政治教育的理论与实践 [M]. 北京：中央编译出版社，2016.

[14] 林梵. 用新发展理念引领高校思想政治教育的发展 [J]. 继续教育研究，2016（11）：32-33.

[15] 凌霞. 新时代思想政治课建设研究 [M]. 北京：九州出版社，2020.

[16] 罗兰. "退 8" 会否加剧社会就业矛盾 ?[N]. 人民日报（海外版），2012-03-17(2

[17] 马海燕. 高职思想政治课实践教学教程 [M]. 西安：陕西师范大学出版总社有限
司，2019.

[18] 施芝鸿. 逐步适应和习惯当下中国的新常态 [N]. 人民日报，2014-10-13(7).

[19] 王学俭，刘珂. 融入日常生活：思想政治教育的微观建构 [J]. 思想教育研究，
2015(2)：18-22

[20] 王忠祥. 高校思想政治课教学存在的问题及其对策 [J]. 宁波教育学院学报，2011
(2).

[21] 温丽娜. 新常态下外语院校大学生职业生涯规划中的思想政治教育对策探析 [J].
决策与信息（文教专论），2016.

[22] 吴静娴等. 新常态下的中国金融市场发展 [M]. 上海：同济大学出版社，2019.

[23] 严金强. 新常态与转型发展 [M]. 天津：天津人民出版社，2019.

[24] 杨德山. 大学生理想信念教育如何"入脑入心" [J]. 人民论坛，2016(21)：124-
125.

[25] 杨继伟. 新常态下高职院校党建与思想政治教育工作协同创新的对策 [J]. 新丝路
（中旬），2019(1)：1-2.

[26] 杨建超. 新常态下高校社会主义核心价值观教育的创新 [J]. 理论视野，2016(6)：
77-79.

[27] 杨乃良. 高校思想政治课教材内容重复部分重复及其解决之道 [J]. 高教论坛，
2008(3).

[28] 杨章钦，徐章海. 思想政治理论课教学改革与大学生思想政治教育互动研究 [M].
上海：上海财经大学出版社，2017.

[29] 张加才等. 高校思想政治理论课实践教学模式研究 [M]. 北京：中国民主法制出版
社，2016.

[30] 张学芳. 新常态下区域经济转型发展研究 [M]. 天津：天津科学技术出版社，2017.

[31] 赵晓春. 互联网时代高校思想政治课翻转课堂的理论与实践 [M]. 南京：南京师范
大学出版社，2020.

[32] 朱移山. 新时代高校思想政治课教师的追求与探索 [M]. 合肥：合肥工业大学出版
社，2019.